# Programas de Treino
# Cardiovascular

Saúde, boa forma, estética,
desempenho:
mais de 50 programas personalizados.
Preparação física: mais de 200 sessões
adaptadas a diferentes esportes.
Como escolher seus aparelhos,
compreender
e variar seus treinos.

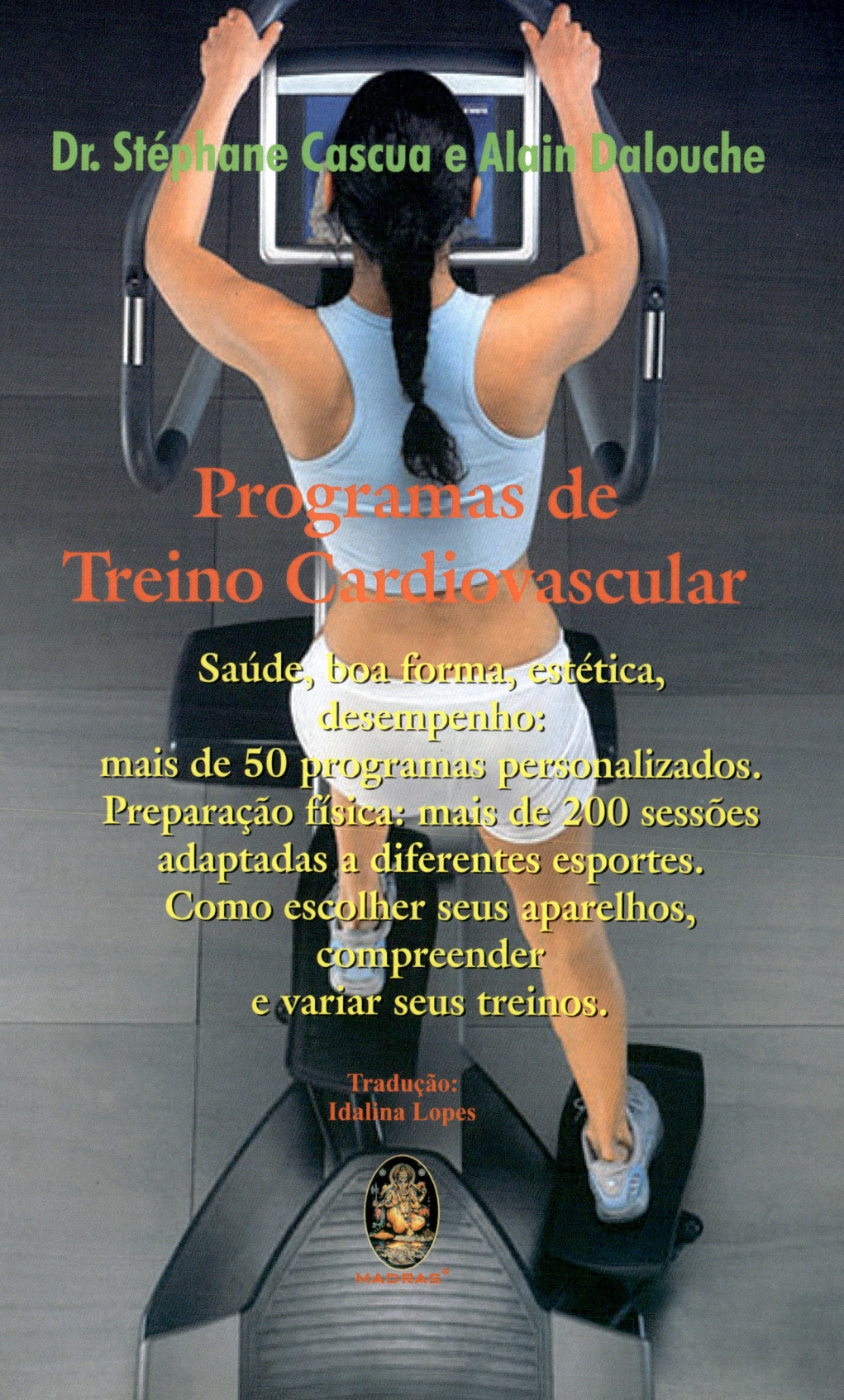

**Dr. Stéphane Cascua e Alain Dalouche**

# Programas de Treino Cardiovascular

Saúde, boa forma, estética, desempenho:
mais de 50 programas personalizados.
Preparação física: mais de 200 sessões
adaptadas a diferentes esportes.
Como escolher seus aparelhos,
compreender
e variar seus treinos.

Tradução:
Idalina Lopes

MADRAS

Publicado originalmente em francês sob o título *Programmes de Cardio-Training*, por Éditions Ampohora.
© 2010, Éditions Amphora.
Direitos de edição e tradução para os países de língua portuguesa, com exceção de Portugal e África.
Tradução autorizada do francês.
© 2012, Madras Editora Ltda.

*Editor:*
Wagner Veneziani Costa

*Produção e Capa:*
Equipe Técnica Madras

*Fotos:*
Denis Boulanger ©Éditions Amphora – Fotolia – Iconsports

*Tradução:*
Idalina Lopes

*Revisão da Tradução:*
Tatiana Malheiro

*Revisão Técnica:*
Dr. Fernando Cavalcante Gomes

*Revisão:*
Jerônimo Feitosa
Renata Brabo
Arlete Genari

---

**Dados Internacionais de Catalogação na Publicação (CIP)**
**(Câmara Brasileira do Livro, SP, Brasil)**

Cascua, Stéphane
Programas de treino cardiovascular/Stéphane Cascua e Alain Dalouche; tradução Idalina Lopes. – São Paulo: Madras, 2012.
Título original: Programmes de cardio-training.

ISBN 978-85-370-0779-2

    1. Aptidão cardiovascular 2. Exercícios aeróbico 3. Treinamento (Esportes) I. Dalouche, Alain. II. Título.

12-06924                  CDD-613.711

Índices para catálogo sistemático:
1. Programas de treino cardiovascular : Esportes 613.711

---

É proibida a reprodução total ou parcial desta obra, de qualquer forma ou por qualquer meio eletrônico, mecânico, inclusive por meio de processos xerográficos, incluindo ainda o uso da internet, sem a permissão expressa da Madras Editora, na pessoa de seu editor (Lei nº 9.610, de 19.2.98).

Todos os direitos desta edição, em língua portuguesa, reservados pela

**MADRAS EDITORA LTDA.**
Rua Paulo Gonçalves, 88 – Santana
CEP: 02403-020 – São Paulo/SP
Caixa Postal: 12183 – CEP: 02013-970
Tel.: (11) 2281-5555 – Fax: (11) 2959-3090
www.madras.com.br

*Marc Raquil e Élodie Guégan, dois atletas internacionais franceses, mostram as posições corretas que devem ser adotadas em cada um dos aparelhos. Não hesite em tomá-los como modelo!*

## Élodie Guégan

Élodie Guégan é especialista em corridas de meio fundo. Ela corre nos 1.500 metros, mas sobretudo nos 800 metros, distância na qual disputa com os melhores da modalidade. Essa jovem atleta (nascida em 1985) treina no Insep (*Institut National du Sport, de l'Expertise et de la Performance*), onde prepara as grandes competições nacionais e internacionais. Élodie já conquistou vários títulos:

- **Campeã da França nos 800 metros em academia (2007 e 2008).**
- **Campeã da França nos 1.500 metros (2008).**
- **Semifinalista nos 800 metros nos Jogos Olímpicos de Pequim (2008) e no Campeonato Mundial de Atletismo (2009).**
- **Medalha de prata (2007) e de bronze (2005) nos campeonatos da *Europe Espoir*.**

## Marc Raquil

Marc Raquil construiu seu nome nos 400 metros por meio de suas conquistas e sua finalização espantosa. O "Grand Blond" (1,92 metro) se tornou popular durante o Campeonato Mundial de Atletismo de 2003, mas ele se sobressaiu antes, em 2001, ao bater o recorde da França dos 400 metros, que já tinha mais de dez anos. Atleta atípico que chegou tardiamente ao atletismo, esse habitante da Île-de-France, de origem martiniquense, viveu vários problemas físicos que o privaram das competições internacionais, principalmente dos últimos jogos.

- **Campeão da França nos 400 metros (2002, 2004 e 2005) e campeão da França nos 400 metros em pista coberta (2000).**
- **Medalha de prata nos 400 metros e medalha de ouro no revezamento 4 x 400 metros nos campeonatos do mundo (2003).**
- **Medalha de ouro nos 400 metros e no revezamento 4 x 400 metros nos campeonatos da Europa (2006).**
- **Medalha de ouro na Copa da Europa das Nações (2001, 2003 e 2005).**

## Nossos agradecimentos a:

Les Bains de Seine Mauldre (Aubergenville –78), Mikael Barabe e Sylvain Morel, Nordique France e Life Fitness, Erik von Kantzow e David de Castro, Polar France e François Courau.

# Índice

**As Regras de Ouro do Treino Cardiovascular** ..................... 13
**Comece por uma Avaliação Médica** ..................... 14
▸ Uma avaliação de saúde para seu coração ..................... 14
▸ Uma avaliação de saúde para suas articulações e sua coluna .. 18

**Siga um Treinamento Estruturado** ..................... 20
▸ A progressividade em primeiro lugar ..................... 20
▸ A regularidade é a saúde ..................... 24
▸ A continuidade para não regredir ..................... 24
▸ Programas individuais ..................... 26
▸ Diversidade e complementaridade ao programa ..................... 29
▸ Um treinamento focado e temático ..................... 30
▸ Sessões específicas ..................... 32

**Os Aparelhos de Treino Cardiovascular** ..................... 35

**O Elíptico** ..................... 37
▸ Interesses e riscos para o coração ..................... 37
▸ Interesses e riscos para as articulações ..................... 38
 Conselhos e modalidades de utilização ..................... 42

**A Bicicleta** ..................... 45
▸ Interesses e riscos para o coração ..................... 45
▸ Interesses e riscos para as articulações ..................... 46
 Conselhos e modalidades de utilização ..................... 50

**O Remo Ergométrico** ..................... 52
▸ Interesses e riscos para o coração ..................... 53

## Programas de Treino Cardiovascular

- Interesses e riscos para as articulações ........................ 54
  - Conselhos e modalidades de utilização ...................... 56
- **O *Stepper*** ................................................................ 59
- Interesses e riscos para o coração ................................ 59
- Interesses e riscos para as articulações ........................ 61
  - Conselhos e modalidades de utilização ...................... 65
- **A Esteira** .................................................................... 67
- Interesses e riscos para o coração ................................ 67
- Interesses e riscos para as articulações ........................ 69
  - Conselhos e modalidades de utilização ...................... 72
- **Que Aparelho Escolher?** .............................................. 73

## Os Princípios do Treinamento .................................. 76

- **As Intensidades do Esforço** ........................................ 77
  - Como reconhecer as intensidades? ............................ 77
  - Calcule sua frequência cardíaca de trabalho .............. 79
- **Resistência Fundamental** ............................................ 82
- **Resistência Ativa** ........................................................ 86
- **Limite** .......................................................................... 90
- **Dinamização do Limite** ................................................ 95
- **$VO_2$ Máx.** .................................................................. 101
- **Capacidade Anaeróbia Lática** .................................... 108
- **Potência Anaeróbia Lática** .......................................... 112
- **Capacidade Anaeróbica Alática** .................................. 116
- **Os Segredos de uma Boa Sessão de Treino Cardiovascular** ................ 119
  - Aquecimento, atividade, retorno à calma .................. 119
  - A que horas treinar? .................................................. 122

## Escolha Seu Programa .............................................. 125

- **Retomada do esporte** .................................................. 129
- **Saúde e Bem-estar** ...................................................... 135
- **Antidores** .................................................................... 139
- **Saúde dos Idosos** ........................................................ 147
- **Boa Forma** .................................................................. 153
- **Fitness e Dança** .......................................................... 159

# Índice

**Magreza e Silhueta** .......................................................................... 165
**Musculação** ...................................................................................... 171
**Musculação de Resistência em Aparelhos de Treino Cardiovascular** .... 177
**Multiesportes** ................................................................................... 185
**Futebol** ............................................................................................ 191
**Tênis e Esportes com Raquete** .......................................................... 197
**Natação** ........................................................................................... 203
**Ciclismo e Ciclismo de Montanha** ..................................................... 209
**Corrida a Pé** .................................................................................... 219
***Triathlon*** ..................................................................................... 227
***Trekking* e Caminhada** .................................................................. 235
**Esqui Alpino** ................................................................................... 239
**Esqui de Fundo** ............................................................................... 247
**Esportes de Combate** ...................................................................... 253
**Conservar a Boa Forma Durante uma Lesão** ..................................... 259

# As Regras de Ouro do Treino Cardiovascular

*Treinar seu coração para funcionar melhor, este é o ambicioso programa do treino cardiovascular! Seus benefícios foram amplamente demonstrados para a boa forma, a saúde e o desempenho. Voltaremos a abordar os inúmeros resultados positivos que podem ser obtidos com uma prática harmoniosa.*

*Antes de começar, quer você seja esportivo ou sedentário, é essencial uma avaliação médica. Ainda que o treino cardiovascular permita dosar e individualizar a carga de trabalho, ainda assim é necessário conhecer suas aptidões, seu estado de saúde, seu passado esportivo e suas atividades cotidianas. O médico esportivo lhe ajudará nessa abordagem. Em um segundo momento, seu treinamento deverá ser progressivo, regular, contínuo, individualizado, mas igualmente diversificado. Sessões focadas, e às vezes específicas, contribuirão para o seu progresso. Respeitando essas ideias-chave, você obterá delas todas as vantagens.*

# Comece por uma Avaliação Médica

## Uma avaliação de saúde para seu coração
*O treino cardiovascular, como o próprio nome indica, é um treinamento do coração.*

Ele faz trabalhar esse músculo precioso! Essa solicitação está na origem de uma adaptação. O coração se torna maior e mais forte. Os vasos sanguíneos que o atravessam são mais largos e mais numerosos. As células cardíacas e seus músculos veem suas centrais energéticas microscópicas, as mitocôndrias, se multiplicarem e se tornarem mais eficazes. Seu corpo consegue consumir mais oxigênio, ele aumenta sua cilindrada! Fazer o treino cardiovascular é bom para a saúde e para a boa forma no cotidiano. Você sabia que uma prática esportiva de resistência divide de dois a três o risco de crise cardíaca?

## Cuidado com a obstrução

A cada ano, na França, 1.500 esportistas em plena forma são acometidos por morte súbita. Eles morrem brutalmente, sem nenhum traumatismo, praticando sua atividade física preferida. Em quase todos os casos, as vítimas desse drama não sabem que são cardíacas! No homem idoso, com mais de 40 anos, trata-se, na maioria das vezes, de uma crise provocada por esforço. Nessas circunstâncias, as paredes das artérias do coração se tornam espessas pelos depósitos de gordura e se rompem por ocasião da circulação sanguínea durante o exercício. Para cicatrizar, forma-se uma pequena "pedra" que obstrui totalmente o vaso. O músculo cardíaco não tem mais oxigênio e provoca uma câimbra. Ele começa a vibrar, incapaz de propulsionar o sangue para o corpo e para o cérebro. O esportista é vítima de um mal-estar e desmaia. Se ele não for reanimado em três minutos, acabará aumentando a lista de vítimas de morte súbita entre os que praticam esportes.

## Um teste revelador

O teste de esforço se mostra muito eficaz para detectar a obstrução parcial das artérias do coração por placas de gordura.* Esse exame médico consiste em pedalar em uma bicicleta fixa, comparável aos aparelhos de academia que você conhece, e em subir pouco a pouco a potência, até atingir o máximo de suas capacidades cardíacas. O coração é envolvido de eletrodos colados sobre o tórax. Ao longo do exercício, ele é monitorado por um eletrocardiógrafo. Em caso de má oxigenação do coração, o aparelho registra as anomalias elétricas. O esforço é interrompido. O paciente é então cuidado e, muitas vezes, operado. Três semanas apenas após a intervenção, o treino cardiovascular, em um centro de reeducação, constitui um elemento-chave de tratamento. Para a vida toda, mais do que estar autorizado, o treino cardiovascular será fortemente aconselhado! Uma vez que ele permite dosar e individualizar perfeitamente a carga de trabalho, pode até ser considerado como a atividade esportiva ideal!

## A anomalia cardíaca

No praticante com menos de 35 anos, a morte súbita do esportista é essencialmente provocada por uma anomalia cardíaca. Na maioria das vezes, o coração é grande demais e as paredes das artérias e veias fecham o calibre das memas quando ele se contrai. Às vezes, o tecido cardíaco é de estrutura anormal e heterogênea. A corrente elétrica que ordena os batimentos irradia de qualquer maneira,

---

*N.R.T.: São as Placas de Ateroma, ou seja, uma formação composta de gordura, cálcio e células inflamatórias, na parede das artérias, e pode diminuir a passagem do sangue, típico da aterosclerose ou arteriosclerose.

o coração começa a vibrar e depois para. Para diagnosticar uma anomalia do coração, o médico questiona o paciente se já foi vítima de mal-estar ou de palpitações. Ele escuta seu coração em busca de um sopro cardíaco anormal. À menor dúvida, ele prescreve um ultrassom que permite ver claramente a forma do coração.

## Os músculos precisam do coração

Quanto mais você mobiliza grupos musculares em uma forte amplitude, mais seu coração deve bombear rápida e vigorosamente, a fim de trazer para cada músculo o sangue que transporta o oxigênio. Assim, um esquiador de fundo, que mobiliza braços e pernas, pode consumir mais oxigênio do que um ciclista com esforços localizados essencialmente nos membros inferiores. Aliás, quando os músculos são solicitados em uma corrida muscular importante, o esforço é repartido, tornando-se mais tolerável. Poucos músculos acionados em uma fraca amplitude serão mal vascularizados. Se você repetir uma flexão do cotovelo com um haltere de 1 quilo, o exercício rapidamente se tornará difícil para seus bíceps, mas sua atividade cardiovascular será praticamente nula.

**Comece por uma Avaliação Médica**

### Praticando, antes de fazer o treino cardiovascular

*Qualquer que seja sua idade, consulte um médico do esporte para se assegurar da boa saúde de seu coração.*

Se você é um homem com mais de 40 anos ou uma mulher com mais de 55 anos, faça um teste de esforço. Se você já sentiu durante o esforço dores no peito, palpitações (batimentos cardíacos repentinamente mais fortes e rápidos, e até mesmo irregulares), dores de cabeça (que pressionam no ritmo dos batimentos cardíacos), se você já sofreu mal-estar ou desmaios, marque uma consulta com um cardiologista.

Programas de Treino Cardiovascular

# Uma avaliação de saúde para suas articulações e sua coluna

*O treino cardiovascular permite movimentar harmoniosamente seu corpo.*

Ele mantém as articulações. De fato, a cartilagem se alimenta ao bombear os nutrientes vindos dos ossos subjacentes e das membranas articulares vizinhas. Para isso, ela necessita de variações de pressão e o movimento se mostra de uma eficácia espantosa para revitalizar a cartilagem.

O treino cardiovascular preserva e melhora a força muscular. Saiba que entre 30 e 80 anos, constata-se uma perda de 30% da massa muscular! Um bom número de pesquisas prova que se pode readquirir musculatura até o fim de sua vida. Em caso de artrose ou de problemas de coluna vertebral, as sessões de treinamento se revelam muitas vezes bastante benéficas.

Como você sabe, o treino cardiovascular se integra naturalmente à readaptação depois de um problema cardíaco. Da mesma maneira, ele contribui para a reeducação depois de uma lesão. A escolha dos aparelhos, as diferentes modalidades de utilização permitem uma reabilitação leve e progressiva.

## As articulações e seus incômodos

Os incômodos provêm da carga mais ou menos alta e também da amplitude do movimento realizado. Na bicicleta, o peso do corpo está colocado no selim, os pedais suportam apenas os membros inferiores. É um esporte não "agressivo", muito suave com as articulações. Em uma bicicleta reclinada, os membros inferiores nem mesmo precisam suportar seu próprio peso. Na pedalagem, o impulso torna-se mais difícil do que em uma bicicleta tradicional, já que o peso da perna não ajuda. O ciclismo é tipicamente um esporte que se inicia após os 40 anos, quando o organismo não tolera mais os contínuos traumatismos das partidas de futebol ou de rúgbi. Aliás, a bicicleta ergométrica é muitas vezes o primeiro aparelho utilizado em reeducação. Esporte igualmente não agressivo, o remo ergométrico faz com que nenhuma carga pese sobre seus membros inferiores. Em um aparelho elíptico, você encontra apoio bipodal e o peso do corpo repousa permanentemente sobre seus dois pés, uma vez que você passa para o apoio unipodal em uma esteira ou em um *stepper*, que são dois aparelhos mais incômodos para os membros inferiores. A corrida introduz outro parâmetro, solicitando a recepção do passo. De maneira geral, o treino cardiovascular se mostra mais suave com suas articulações.

# Siga um Treinamento Estruturado

## A progressividade em primeiro lugar

*Antes de retomar o esporte após um longo período de inatividade, é comum começar fazendo um pouco de atividade física.*

Provavelmente você já ouviu que é aconselhável andar ativamente 30 minutos por dia para preservar sua saúde. Isso é verdade; estudos de referência caminham nesse sentido! Também se sabe que é possível fracionar as sequências de caminhada ao longo do dia. Outras atividades cotidianas ainda podem ajudá-lo a fazer as pazes com o movimento: as escadas são bem-vindas para exercitar seu coração e suas pernas; os trabalhos ocasionais, a jardinagem e a arrumação da casa também podem contribuir para o bom funcionamento das articulações. Seu corpo vai assim, pouco a pouco, reencontrando sua mobilidade. No entanto, atividades cotidianas revelam-se, frequentemente, insuficientes no plano cardiovascular. Elas chegam a ser muitas vezes desagradáveis e traumatizantes no plano locomotor.

## Da atividade física ao esporte!

Um bom número de sedentários não acha muito simples caminhar ativamente 30 minutos por dia, envolto em um casaco, com uma mochila ou uma maleta. Também não gostam de chegar suados em seu local de trabalho. Eles podem começar o treino cardiovascular com um pouco de bicicleta ergométrica... de pijama, se necessário, e com uma baixa intensidade. Tudo isso, diante do jornal televisivo que antes eles viam afundados no sofá! Duas ou três semanas mais tarde, podem aumentar pouco a pouco a resistência. De forma negligente, mas com eficácia, passam da atividade física à prática esportiva. O treino cardiovascular autoriza o início de uma atividade física suave. Com três sessões de 30 minutos por semana, com intensidade tal que "se pode falar, mas não cantar", obtém-se o essencial dos benefícios do esporte! O treino cardiovascular torna-se, então, o melhor preparador físico do cotidiano.

## Programas de Treino Cardiovascular

### Trinta minutos de caminhada por dia, isso não é esporte!

*Com o rosto suado, você será obrigado a escutar os sarcasmos de incorrigíveis preguiçosos argumentando que 30 minutos de caminhada por dia são suficientes para conservar a saúde. Retome o fôlego antes de lhes responder.*

Esses gentis sedentários usam uma mensagem de saúde pública oriunda de estudos americanos. Essa ideia parte da constatação de que ao fazer com que os obesos devoradores de batata frita troquem o sofá por 30 minutos de caminhada sua saúde melhore. Claro, 30 minutos de caminhada, adicionadas aos deslocamentos cotidianos, queimam 125 quilocalorias por dia. Uma vez que os benefícios para a saúde aparecem a partir de um consumo de 500 quilocarias por semana, essa população em sobrepeso sai lucrando. Claro que a caminhada cotidiana é excelente para o coração e para as articulações, tanto quanto para a autoestima, mas ela não substitui em nada os benefícios de uma atividade esportiva regular. Isso pode fazer com que sedentários inveterados não se sintam culpados, aos quais, uma vez o fôlego retomado, você poderá argumentar que a Organização Mundial da Saúde (OMS) mostrou que o sedentarismo mata anualmente 2 milhões de indivíduos no planeta. Ensine-lhes também que, segundo pesquisas da Universidade de Stanford, a capacidade do corpo para consumir o oxigênio no esforço é correlata ao prognóstico vital, qualquer que seja o estado de saúde do sujeito.

## Siga um Treinamento Estruturado

## A regularidade é a saúde

*Estudos revelam que uma atividade esportiva de intensidade média se mostra benéfica para a saúde, caso ela seja praticada três vezes por semana com duração de 30 a 60 minutos por sessão, aquecimento e repouso incluídos.*

Os treinos devem, de preferência, ser bem repartidos ao longo da semana, idealmente um dia a cada dois. Tudo se passa como se o corpo gostasse de alternar um dia de trabalho e um dia de recuperação, com o objetivo de não se esgotar e de renovar os esforços em uma intensidade suficiente. Mas se seus compromissos profissionais e suas ocupações familiares o obrigam a fazer o treino cardiovascular no meio da semana e depois dois dias consecutivos no final de semana, é altamente provável que seu organismo não lhe queira mal por causa disso.

Em contrapartida, se treinar apenas uma única vez por semana, você perderá em grande parte os benefícios da sessão anterior. Você progredirá pouco! Sobretudo, seu corpo considerará essa solicitação como pouco frequente, inabitual e estressante! E é isso o que não é ideal para a saúde do coração e das articulações. Se você deseja treinar mais de três vezes por semana, nenhum problema! Para evitar o cansaço e continuar progredindo, é preciso variar as sessões. Na academia ou em casa, o ideal é alternar com a musculação.

## A continuidade para não regredir
*Quando você para, você regride!*

Ainda que o treino cardiovascular seja realmente a forma mais eficaz para manter a saúde e a boa forma de seu coração, ele deve ser acompanhado de uma real constância. Os estudos evidenciam que os "centros energéticos" das células musculares, as mitocôndrias, reduzem sua capacidade de queimar calorias depois de quatro dias sem solicitação. O processo é rapidamente reversível se o seu sedentarismo não ultrapassar de dez a 12 dias. Esse prazo corresponde, aliás, à duração de repouso proposta aos esportistas de alto nível no final da temporada. Neste contexto, esse período constitui antes uma fase de regeneração benéfica após longos meses de trabalho intensivo. Da mesma maneira, se você pratica o treino cardiovascular assiduamente, pode se conceder ocasionalmente uma semana de repouso sem medo de perder o treinamento já adquirido. Prefira, no entanto, as férias ativas. Depois de seis a 12 semanas sem treinamento, você terá de volta as características fisiológicas de um jogador de pôquer! E precisará de cerca de duas vezes mais tempo para retornar progressivamente ao seu nível. Depois de seis meses sem treino cardiovascular, perderá todos os benefícios de saúde da sua prática anterior. As artérias de seu coração não estão mais protegidas. Antes de retomar, será imperativo refazer um exame médico rigoroso bem como um *check-up* cardíaco e sanguíneo. Depois, seus treinos deverão começar muito progressivamente com pequena intensidade.

## Não há idade para começar

*Nunca é demasiado cedo, nunca é tarde demais!*
*O treino cardiovascular é possível e particularmente útil por toda a vida!*

As pesquisas evidenciam que um idoso sedentário ao iniciar o treino cardiovascular pode ver sua "cilindrada cardíaca" aumentar em 30% depois de um programa de três meses! Às vezes, a natureza se mostra flexível, indulgente e pouco rancorosa. Na ausência de exercício, as aptidões cardíacas diminuem em 1% por ano a partir dos 20 anos. A partir de 40 a 50 anos, as capacidades cardiovasculares e os desempenhos regridem em 0,3% por ano, apesar de um treinamento regular! É isso o que mesmo assim permite a um ser ativo envelhecer três vezes menos rápido do que um sedentário! Vamos repetir, nunca é demasiado cedo, nunca é tarde demais!

## Programas individuais

*Em função do seu estado de saúde cardíaca ou articular e de acordo com seus objetivos, é necessário conceber programas de treino cardiovascular diferentes.*

Além do mais, seu treinamento evoluirá de acordo com seus progressos e desejos. O prazer sempre deve estar presente! Essa "felicidade de estar em movimento" é essencial para a saúde. Ela reduz diretamente o estresse, fator que favorece inúmeras doenças, como

o enfarte, o diabetes e o câncer. Assim como um medicamento, a boa "tolerância" do treino cardiovascular é um elemento-chave de sua "observância". Portanto, o "prazer de mexer seu coração" permite aproveitar os benefícios desse "tratamento" ao longo da vida! Os programas deste livro o ajudarão a atingir seus objetivos. Você poderá fazê-los evoluir graças às recomendações sobre a escolha dos aparelhos e as intensidades. Seu médico do esporte o conhece bem. Ele deve poder ajudá-lo a aperfeiçoar sua preparação.

## Você tem pressão alta?

*Se você sofre de hipertensão, o treino cardiovascular é aconselhado, mas seu programa deve ser individualizado.*

O treinamento em resistência demonstrou eficácia para prevenir e lutar contra a hipertensão arterial. Essa prática ensina a abrir os vasos sanguíneos para trazer o oxigênio a todao os ventres musculares exercitados. Em repouso, ela provoca queda da frequência cardíaca. Como resultado, o sangue é propulsado menos violentamente em uma rede vascular mais vasta, e ali a pressão é mais moderada.

No entanto, durante o esforço, a frequência cardíaca aumenta e a pressão nas artérias aumenta consideravelmente. O exercício é uma verdadeira "crise de hipertensão". Se você já é hipertenso em repouso, uma prática demasiadamente intensiva está na origem de um perigoso aumento da pressão nas artérias, com o risco de provocar a ruptura de um pequeno vaso no cérebro!

Na prática, se você tem acompanhamento médico por causa da hipertensão arterial, cabe ao seu cardiologista guiá-lo. Em relação aos números atingidos durante o teste de esforço, ele lhe indicará a frequência cardíaca que não deve ser ultrapassada. Em todos os casos, é recomendável realizar movimentos de frequência rápida contra uma baixa resistência. De fato, quando o músculo se contrai rápida e moderadamente, ele exerce um verdadeiro bombeamento sanguíneo que alivia o trabalho do coração e reduz a pressão arterial. Ao contrário, durante uma contração lenta e poderosa, os ventres musculares comprimem os vasos sanguíneos que as atravessam. O coração deve impulsionar mais forte e a pressão aumenta.

## Diversidade e complementaridade ao programa
*Multiplique os benefícios e divida os riscos alternando as atividades!*

Ser "mono esporte" nem sempre é excelente para a saúde: um maratonista bate suas tíbias a cada passo, um competidor de remo comprime seus discos vertebrais a cada remada... Ao forçar demais seu organismo, o especialista muitas vezes se machuca. A diversidade e a complementaridade dos aparelhos de treino cardiovascular são garantia de benefício para a saúde e o desempenho. Sendo esquemática, a bicicleta lhe permite trabalhar a resistência a uma intensidade baixa. Pouco agressiva para as articulações, ela permite prolongar as sessões. O elíptico é ideal para desenvolver a potência cardiovascular em uma intensidade elevada, sem maltratar o aparelho locomotor. Uma sessão curta de corrida, a pé, completa esse treino cardiovascular ao fazer trabalhar a solidez óssea e tendinosa. O que vale para os esportistas amadores também vale para o esporte de alto nível. Os atletas machucados são convidados a efetuar uma atividade intensa no plano cardiovascular com um aparelho suave para os músculos e articulações encadeando, praticamente na mesma sessão, uma atividade reeducadora em um aparelho mais exigente.

## Um treinamento focado e temático
*Para progredir é preciso solicitar todos os parâmetros do desempenho.*

A cada treino, você deve saber o que vai treinar. Para ser resistente ou para se manter por muito tempo em uma velocidade suficiente, você não pode se contentar em encadear as sessões aumentando sua duração e sua intensidade. Um maratonista não calça diariamente seus tênis de corrida para tentar cobrir os 42 quilômetros mais rápido do que na véspera. Nesse ritmo, ele explode em três dias! De maneira menos caricatural, reproduzir sempre as mesmas sessões torna-se rapidamente ineficaz. Se você deseja fazer seu treino cada vez mais rápido e mais duradouro, com certeza você caminha para o esgotamento!

Para ganhar as 24 horas do *Le Mans*,* símbolo da resistência automobilística, um carro de passeio sólido, capaz de andar um dia inteiro, não basta! Claro, é imperativo possuir um carro confiável. Mas também é necessário que ele tenha uma forte cilindrada e seja capaz de "pisar fundo" sem superaquecer. Da mesma maneira, um ciclista que se prepara para uma prova cicloesportiva de mais de 150 quilômetros deve se mostrar resistente e realizar sessões longas em, uma intensidade baixa ou média. Mas também lhe é indispensável treinar focando o limite de acumulação do ácido lático, o equivalente da "luz vermelha" de nosso protótipo automóvel. Também é preciso fazer um trabalho intervalado com intensidade $VO_2$ máx, que caracteriza a "cilindrada" do motor humano. Assim, ele solicita separadamente e de ótima maneira todos os fatores que limitam o desempenho. Ele pode progredir... sem se aborrecer e se machucar!

---

*N.T.: A prova das 24 Horas de *Le Mans* é uma prova de resistência para carros esportivos e protótipos. É uma prova extracampeonato, que existe desde 1923, sendo disputada num misto de estradas públicas, fechadas durante a prova, perto da cidade de Le Mans (Sarthe) na França.

**Siga um Treinamento Estruturado**

## Sessões específicas

*Você percebe que é possível conceber sessões de treino cardiovascular que solicitam todos os fatores que limitam o desempenho de resistência.*

É o coquetel de exigências energéticas que se torna específico: fala-se de "especificidade dissociada". Para o prazer e o desempenho, você também pode encontrar a "especificidade energética total" das modalidades que lhe interessam. Conhecemos cada vez melhor a repartição das diferentes intensidades de trabalho durante inúmeras atividades esportivas. No futebol, por exemplo, já é clássico analisar os deslocamentos de cada um dos jogadores. Desse modo, contabilizamos durante uma partida a distância total percorrida, o número e a duração das arrancadas, das acelerações, dos reposicionamentos andando... Em resumo, a repartição total das corridas e de sua velocidade. Podemos deduzir a partir disso um trabalho em aparelho de treino cardiovascular que solicite essas ferramentas metabólicas de maneira focada. Você encontrará, neste livro, sessões que reproduzem as intensidades cardiovasculares de algumas modalidades esportivas.

**Siga um Treinamento Estruturado**

# Os Aparelhos de Treino Cardiovascular

*As cinco variedades de máquinas de treino cardiovascular, todos conhecem mais ou menos, e talvez já as tenham utilizado. Mas qual escolher? Quais são suas respectivas vantagens? Como utilizá-las: forçando uma forte resistência ou, ao contrário, com cadência rápida e movimento confortável? Será que é preferível escolher um simulador próximo de sua atividade esportiva?*

*Esses conselhos médico-esportivos sobre cada um dos cinco aparelhos devem ajudá-lo a fazer uma boa escolha. Em seguida, é necessário adotar as posições apropriadas e executar corretamente os movimentos em suas amplitudes corretas.*

*Na academia, você ganhará em diversificar seus treinos, ao passar de um aparelho ao outro. Em casa, prefira o aparelho mais complementar às suas atividades esportivas.*

**Programas de Treino Cardiovascular**

*Alguns fabricantes chamam esta máquina de bicicleta-elíptica, certamente porque seu material utiliza o mecanismo e a roda de inércia da bicicleta. Sem desprezar o plano funcional, estamos bem distantes dos movimentos da bicicleta!*

# O Elíptico

*A semelhança com o movimento do esqui de fundo alternativo é evidente. No entanto, esse aparelho específico se distancia da família dos simuladores. Completo e de fácil utilização, o elíptico tem uma imagem de fitness feminino, o que afasta inúmeros esportistas. Eles estão errados, pois esse aparelho é um dos mais completos.*

## Interesses e riscos para o coração
*Ao colocar em movimento inúmeros grupos musculares, o elíptico pode rapidamente fazer subir seus batimentos cardíacos a frequências elevadas.*

Uma vez que os esforços estão plenamente distribuídos entre os músculos dos braços, das pernas e os abdominais, você não sente grandes desconfortos musculares locais como nos quadríceps, que se aquecem na bicicleta ou no *stepper*. Sem essas dores musculares limitantes, você atinge facilmente sua frequência cardíaca máxima. Perfeito para trabalhar de maneira confortável em todas as intensidades.

O reverso desse belo desempenho é a ausência de segurança cardíaca. O conforto pode se mostrar perigoso. Enquanto que na bicicleta ou no *stepper* os quadríceps superaquecidos o intimam a acalmar seus ímpetos, no elíptico nenhum grupo muscular está suficientemente em tensão para chamá-lo à ordem. Você pode facilmente violentar seu coração sem se dar conta disso. Cuidado, perigo! Os iniciantes, os praticantes com coração frágil e os esportistas que já passaram dos 50 anos devem se mostrar particularmente vigilantes e respeitar as intensidades de trabalho programadas.

### Um aparelho fácil de utilizar

Os movimentos por ele exigidos facilitam o uso. A dosagem da resistência é simples e a aceleração do movimento, fácil. É muito prático iniciar com baixa resistência e depois aumentar progressivamente a potência. Da mesma maneira, você não experimentará nenhuma dificuldade em começar sua sessão lentamente e depois aumentar a velocidade. Você quase esquecerá a máquina. Seu coração vai adorá-la! Com intensidades aconselhadas por médicos, o elíptico se mostra benéfico para as pessoas que sofrem de hipertensão. Em baixa resistência, as contrações musculares frequentes e moderadas vão aliviar o trabalho do coração e reduzir a tensão arterial. O trabalho de bombeamento do coração vai se mostrar benéfico.

### Interesses e riscos para as articulações

*Com o peso de corpo igualmente distribuído sobre os pés, você evita qualquer impacto e desequilíbrio prejudicial às articulações.*

Em reeducação, inúmeros esportistas utilizam esse aparelho para retomar a boa forma depois de uma lesão. Seu inconveniente fisiológico maior está na postura, nem sempre ideal para as costas. O aparelho contorce um pouco e pode causar dor nas pessoas com lombalgias.

No mais, ele é perfeito! O elíptico opera boa transferência para a corrida e oferece a vantagem de não romper os músculos, ou forçar as articulações. Você pode treinar por horas! Na posição em pé, a propulsão diagonal e a amplitude gestual do elíptico se assemelham muito ao passo do corredor. Para se assemelhar mais à corrida, faltam-lhe essencialmente dois elementos: por um lado, o apoio em uma única perna, traduzindo-se pela ausência de solicitação dos músculos que estabilizam o quadril; por outro, a recepção do passo, já que o elíptico solicita os músculos exclusivamente em propulsão, mas não em frenagem. Claro, para se apresentar no início de uma semimaratona ou jogar seu futebol dominical, será necessário introduzir sessões de *footing* a fim de adaptar seu organismo às dificuldades da corrida. Os benefícios dessa dissociação são reconhecidos. Eles são buscados no esporte de alto nível em que o elíptico tem seu lugar ao lado dos aparelhos mais tradicionais.

O Elíptico

## Músculos bem solicitados

O elíptico mostra benefícios musculares para os membros inferiores, solicitadas no impulso. Ele também é eficaz para os membros superiores, mobilizados para empurrar e puxar. No jargão médico-esportivo, fala-se de ativo auxiliado: os braços ajudam as pernas e as pernas ajudam os braços. Você distribui assim seu esforço de acordo com sua vontade, solicitando muito mais os braços ou as pernas, de acordo com o tema da sessão ou de seu humor no momento. O treino se mostra mais completo que no remo ergométrico, o qual se contenta com o único movimento de tração. No plano muscular, o elíptico também recruta as cadeias abdominais diagonais (pequeno oblíquo e grande oblíquo). Pelo movimento de rotação de baixa amplitude, ele opera um verdadeiro trabalho de proteção muscular necessário em inúmeras modalidades esportivas. Enfim, se você frequenta uma academia, este é o aparelho ideal para seu aquecimento antes de uma sessão de musculação!

## O prazer do treino cardiovascular eletrônico!

*Cheio de boas resoluções, você entra timidamente em sua nova academia. Alguns habituados a corpos bem definidos e brilhantes já cavalgam estranhas máquinas.*

Discretamente, você sobe em uma delas, *a priori* no sentido correto, já que você está diante de um painel. Você tenta mobilizar o aparelho com entusiasmo, em parte como quando você começava a andar nos parques. Mas a máquina recusa se submeter, o painel eletrônico pisca. Cuidado, você não está na floresta, é proibido se mexer com espontaneidade! O esporte é algo meio complicado!

Você lê: "insira seu peso"; "insira sua idade". Quantas questões indiscretas! Felizmente você não sabe que botão apertar para transmitir tais informações para essa máquina curiosa. Parece que isso é indispensável para conceber sua sessão. Na realidade, nada é menos certo! Você teme que o simulador, para maior garantia científica, pergunte-lhe: "o que você comeu hoje ao meio-dia?" Você procura o botão "lasanha à bolonhesa".

Ao longo desse perfeito interrogatório, você lança um olhar inquieto para os seus vizinhos suados, temendo que eles zombem de suas laboriosas manipulações! Não tenha medo, você pareceria mais ridículo ainda: o cartaz está em português. E nem sempre é o caso! Uma pergunta atrás da outra, botão depois de botão, parece que a máquina chegou ao final de sua reflexão eletrônica! Ela vai tomar uma decisão! Infelizmente, nada acontece! Você realmente considera a possibilidade de voltar a correr no parque!

## O Elíptico

Não desista! Aperte o botão "Manual" e conceba sua própria sessão, guiado por seu livro preferido, *Programas de Treino Cardiovascular*. Nesse contexto, bastará que você olhe seu relógio para determinar a duração do exercício e acompanhar as respostas do seu corpo para avaliar a intensidade de seu esforço. Os mais motivados poderão utilizar um cardiofrequencímetro!

**Programas de Treino Cardiovascular**

## Conselhos e modalidades de utilização

*Aparelho de movimento guiado, o elíptico é de uma simplicidade infantil. Os iniciantes não experimentam nenhuma dificuldade para utilizá-lo e rapidamente encontram o movimento correto. Além do mais, o cansaço não altera em nada o gestual.*

O Elíptico

*Nesse simulador, todas as vestimentas de treinamento são possíveis. Nenhuma é desaconselhada para a academia. Em casa, você pode treinar de pijama!*

# Programas de Treino Cardiovascular

Com o busto inclinado a 45º, bem apoiado no selim, no guidão e nos pedais, a bicicleta é um simulador confortável. Ao utilizar todas as potencialidades do guidão, você pode variar as posições das costas. Sua leveza o coloca em primeiro lugar entre as máquinas utilizadas na reeducação.

# A Bicicleta

*Ela é o simulador mais difundido por inúmeras razões. É a mais barata e menos volumosa. O aparelho ideal para se ter em casa! Na academia, é muitas vezes a mais procurada, pois todos já têm o hábito de usá-la. Esporte da moda, ela não é desconfortável para as articulações. São muitas as vantagens!*

## Interesses e riscos para o coração
*Na bicicleta é possível treinar em baixíssima intensidade e aumentar progressivamente a carga de trabalho.*

De fato, a posição sentada permite dosar a solicitação independentemente do peso do corpo. A regulagem das resistências evita ao "ciclista imóvel" ser tributário do vento ou do relevo. Essa constatação permite compreender o porquê de a bicicleta ergométrica ser muito utilizada na reeducação depois de traumatismo ou de crise cardíaca. De fato, cada um pode aproveitar para retomar o esporte pouco a pouco, fazer um aquecimento rigoroso ou dosar corretamente a intensidade de seu treinamento.

O esforço se localiza mais nas coxas. Assim, na bicicleta os quadríceps entram em esgotamento por exigir uma potência mecânica mais fraca do que na corrida a pé, por exemplo. Eles produzem mais precocemente o ácido lático. Dizem que o "limite lático" é mais baixo na bicicleta do que na corrida a pé, em que o esforço se distribui em uma massa muscular mais importante. Pelas mesmas razões, é possível que o esportista "emperre mais rápido" durante esforços intensos e que a frequência cardíaca máxima seja mais fraca na bicicleta do que em outros aparelhos. Para trabalhar em intensidade elevada e atingir sua frequência cardíaca máxima, é preferível utilizar a esteira ou o elíptico.

### Iniciantes, ela é feita para vocês!

Os riscos cardíacos em uma bicicleta ergométrica são moderados. É possível pedalar em uma intensidade muito baixa, mais baixa do que andar a pé! A proporção reduzida de massa muscular solicitada limita o esforço e impede muitas vezes o coração de atingir sua frequência cardíaca máxima. Contudo, uma precaução se impõe: pedalar lentamente contra uma forte resistência pode favorecer a hipertensão. Ao longo desse movimento, os vasos sanguíneos são comprimidos nos músculos das coxas. A tensão aumenta muito, pois o coração é obrigado a trabalhar mais forte para trazer um mínimo de oxigênio para os ventres musculares em ação. Ao contrário, ao pedalar rápido contra uma baixa resistência, a alternância contração-descontração dos músculos reproduz um verdadeiro bombeamento sanguíneo. Assim, o coração reduz seu esforço de propulsão e a tensão arterial diminui! Ao "pedalar com rapidez, leveza e regularidade", a bicicleta é um bom aparelho para iniciar o treino cardiovascular!

### Interesses e riscos para as articulações
*A bicicleta se revela, na maioria das vezes, benéfica para as articulações.*

Trata-se de uma atividade que independe do peso do corpo. As exigências articulares são ajustadas pela resistência e velocidade da pedalagem. O movimento de flexão de amplitude bastante forte permite ao quadril e ao joelho conservar uma boa mobilidade. As nádegas, apoiadas no selim, reduzem o trabalho dos músculos que estabilizam o quadril. Assim, o quadril não é nem comprimido pelo peso do corpo, nem apertado pela contração muscular. A bicicleta é autorizada e até mesmo muito aconselhada em caso de artrose do quadril ou de prótese de quadril.

## E os meus joelhos, doutor?

A bicicleta foi acusada de prejudicar o joelho, principalmente a patela. Às vezes isso é verdade, mas muitas vezes é falso! Tudo depende da maneira como ela é praticada. De fato, a cartilagem que recobre a face articular da patela se espalha sobre o fêmur pela contração do quadríceps. Durante esse gesto, ela prefere deslizar rapidamente sobre o fêmur. Nessas condições, sua textura é polida e lubrificada pelo movimento, ela pode aspirar seu alimento vindo do osso subjacente. Ela não sofre. Melhor ainda, ela é aliviada! Em contrapartida, a cartilagem detesta ser comprimida lentamente. Nessas circunstâncias, ela se desgasta, não recebe mais alimento e se torna dolorida. Na prática, para uma mesma intensidade de trabalho, é melhor pedalar velozmente contra uma baixa resistência do que apoiar contra uma forte resistência. E como se não bastasse, trata-se do mesmo conselho dado para evitar e até mesmo tratar da hipertensão arterial!

As pressões aplicadas às superfícies cartilaginosas, situadas entre a tíbia e o fêmur, dependem muito do peso do corpo. A bicicleta, esporte sem impacto, é ideal para poli-los sem desgastá-los. Consequentemente, ela pode ser praticada em caso de artrose avançada e constitui uma prática muito aconselhada em caso de prótese no joelho.

## As costas agradecem

Para a coluna vertebral, o busto orientado a 45° representa com toda certeza a posição intermediária ideal. Nessa postura pouco agressiva, o disco não é comprimido. Suas costas quase se esquecerão da curvatura. Essa posição, busto ligeiramente inclinado para a frente, corresponde exatamente à posição antálgica* procurada pelas pessoas que sofrem de lombalgia.

Com os joelhos dobrados, as costas ligeiramente alongadas, apoiadas nos quatro membros, você encontrará o equilíbrio da quadrupedia. Suas costas e articulações não sofrem mais os traumatismos da bipedia: seu corpo não pesa mais sobre as pernas, ou pesa muito pouco, o busto repousa em um selim e no guidão, e os pedais suportam unicamente o peso dos membros inferiores.

*N.R.T.: O termo "posição antálgica", usualmente aplicado na área de medicina, tem sido por extensão aplicado em psicologia para identificar comportamentos evasivos das pessoas. Posição antálgica é aquela em que a pessoa encolhe, recosta. Fica imobilizada pelo pessimismo ou pela apatia. Ela faz isso inconscientemente, para ficar mais confortável, quanto está convalescendo de uma cirurgia, um ferimento, algum problema ortopédico, ou até mesmo pelo cansaço. Essa posição mantém a pessoa numa zona de conforto.

## O homem ficou em pé rápido demais?

*Uma pequena viagem através da grande galeria da evolução até o estágio do gorila; o macaco é geneticamente mais próximo do humano depois do bonobo e do chimpanzé.*

O que esse primata nos ensina? Ele tem as costas côncavas, classicamente associadas à bipedia. Em contrapartida, seus joelhos dobrados revelam suas tendências quadrúpedes. Para ficar de pé, o homem abandonou essa flexão. Ele se adaptou à sua nova postura em pé, por uma extensão completa do joelho. Rápido demais? Perna estendida, a patela se encontra solta em sua articulação patelofemoral. Ela "flutua". Esse detalhe morfológico escapa à primeira vista, mas justifica um bom número de patologias. A bicicleta é saudável para algumas delas. Ela permite aos reeducadores propor uma atividade às pessoas que encontram dificuldades para encaixar e desencaixar a patela. A extensão completa do joelho marcaria a última etapa da evolução do bípede?

## Pedalar com os braços

**Na família dos aparelhos de treino cardiovascular, a bicicleta para braços se parece com aquela prima distante de quem muitas vezes ouvimos falar, mas que nunca encontramos.**

Essa máquina não é encontrada com muita frequência nas academias de esporte e menos ainda na casa das pessoas. É tipicamente uma máquina de centro de reeducação. O gesto, próximo de algumas manobras da vela e do *crawl*, deriva para o reforço muscular dos membros superiores. A massa muscular solicitada, sendo relativamente fraca, o esforço cardiovascular é menos intenso. É preciso pedalar muito forte para atingir 70% de sua capacidade cardiovascular máxima. Esse torniquete com braços é, no entanto, ideal para conservar uma atividade em caso de lesão dos membros inferiores, para preparar uma volta ao mundo à vela ou desafiar Tarzan (cujo verdadeiro nome é Johnny Weissmuller) aos 100 metros nado livre.

## Conselhos e modalidades de utilização

*Para regular corretamente a altura do selim, sente-se com os pés calçados. Pedal para baixo, o calcanhar apoiado sobre ele, sua perna direita deve se encontrar ligeiramente estendida, mas com a articulação "não travada". Essa regulagem permite ter a patela encaixada durante o ciclo de pedalagem sem deixar de conservar a amplitude máxima.*

*O movimento de pedalar em redondo, tão comum aos ciclistas, às vezes se reproduz dificilmente em uma bicicleta ergométrica. Por isso, é interessante lembrar-se de subir os joelhos para aliviar a pedalagem e evitar uma subida passiva. Não hesite em utilizar os calços para puxar na subida com os musculos ísquiotibiais.*

Na bicicleta, você não deve nem deslocar os quadris (selim alto demais), nem limitar o movimento articular (selim baixo demais). Com um selim alto demais, a articulação do joelho se encontra em extensão completa e a patela desencaixada da articulação patelo-femoral. Com um selim baixo demais, a flexão exagerada do joelho comprime a patela sobre o fêmur em cada contração.

Pense em girar as pernas em boa cadência: mínimo de 80 a 90 giros/minutos e por volta de 100 giros/minuto, e até mais para as pessoas treinadas, o que os ciclistas chamam de "cadência de pedalada alta".

Em relação à roupa, não é necessário se parecer com um ciclista do Tour de France.* Um short longo, de preferência de lycra, lhe trará o conforto necessário. Opte igualmente por calçados de solado rígido para transmitir a força proveniente dos tornozelos. Pedala-se mal com tênis flexíveis demais. Os solados espessos não devem ser descartados, mas muitas vezes eles são acompanhos de flexibilidade lateral que não é vantajosa. Escolha antes calçados multiesportes ou calçados de bicicleta para ciclistas inveterados.

---

*N.T.: O Tour de France é uma competição ciclística por etapas disputada anualmente no mês de julho. O percurso é composto de mais de 3 mil quilômetros de estradas irregulares e montanhosas.

# O Remo Ergométrico

*Um trambolho em casa, esse simulador tem a mesma a reputação de esporte completo do remo. Será verdade? Não necessariamente, ainda que esse aparelho permita trabalho cardiovascular de intensidades variadas e se mostre eficaz para o reforço muscular da parte superior do corpo.*

*Para um trabalho cardiovascular eficaz, é preferível agir na velocidade do movimento mais do que na resistência. No aparelho de remo ergométrico, uma cadência lenta, de baixa intensidade, situa-se entre 15 e 25 trações por minuto, um tempo médio de 25 a 35 trações por minuto.*

## Interesses e riscos para o coração

*Ao solicitar em graus diversos, braços, pernas, abdominais e dorsais, o remo ergométrico coloca em atividade inúmeros grupos musculares.*

Seu coração acelera facilmente para vascularizar todos os músculos solicitados. Nisso, ele é uma excelente máquina de treino cardiovascular que permite todos os tipos de treinamentos (resistência, intervalado, entre outros).

Sendo os esforços distribuídos por diversos músculos, você não terá um cansaço localizado, como já vimos em relação à bicicleta ou ao *stepper*. O coração em boa forma é perfeito!

Apesar de tudo, o trabalho cardiovascular permanece limitado pela técnica. É preciso saber remar bem para solicitar todos os grupos musculares. Ao iniciar, o trabalho das pernas permanece fortemente limitado. Uma vez que a técnica esteja adquirida, assim como no elíptico, a vontade de colocar sem muita dificuldade o seu aparelho cardiovascular para trabalhar pode se tornar arriscada. Na ausência de dores musculares que o moderem, cuidado com o embalo rápido do coração! Você pode fazer subir sua frequência máxima sem se dar conta! Se você retoma o esporte ou se passou dos 50 anoa, vigilância e cardiofrequencímetro impõem-se.

## Eficaz, mas difícil

Para evitar a hipertensão, o remo ergométrico é benéfico. Sempre, evidentemente, sob o olhar sensato de um médico. Com a forte demanda de oxigênio necessário para alimentar todos os músculos, os vasos sanguíneos se abrem amplamente, opondo menos resistência ao coração. A principal dificuldade é manter seu esforço em uma intensidade baixa ou moderada.

Esse simulador trouxe com ele a dificuldade do remo. Ele pede boa coordenação e não deixa de colocar alguns problemas aos iniciantes. Você conseguirá fazer corretamente o remo ergométrico no plano cardiovascular quando dominar o gesto. Uma boa psicomotricidade é exigida para coordenar a pressão do braço e o impulso das pernas com esse movimento pendular de ir e vir.

## Interesses e riscos para as articulações
*Suas costas serão solicitadas.*

É ao mesmo tempo reeducativo e arriscado. O movimento reproduz o restabelecimento específico do cotidiano, gesto retomado atualmente em reeducação da coluna vertebral. Uma boa coisa... mas para ser utilizada com moderação. Os estudos mostram que 70% dos esportistas que praticam o remo sofrem de hérnias de disco. Portanto, não se deve abusar dele e remar com as costas bem retas, sobretudo no início das sessões. Esse aparelho permite também sessões de musculação em resistência. Uma grande variedade de exercícios de reforço muscular é possível. No nível do fortalecimento muscular do peito, o remo ergométrico é espantoso. Ele reforça os músculos situados ao longo da coluna vertebral, os abdominais, os oblíquos e os grandes retos, um conjunto de ossos e de músculos batizado "cilindro" ou "viga compósita".

## Um simulador nem tão completo assim

É exagerado afirmar que o remo ergométrico faz trabalhar braços e pernas. Não é um exercício muito exigente para os membros inferiores. Você empurra com as pernas o que você é capaz de puxar com os braços, não muito mais. Se você não tem ombros de estivador, conservará suas coxas de palito. Sentado, sem nenhum peso repousando sobre as pernas, seus quadríceps "unicamente" empurram um banco horizontalmente, durante a fase de impulso. No estágio superior, os dorsais e, em parte, os peitorais são os mais solicitados.

## O *rider* como reforço

**Excelente para o reforço da parte superior do corpo, esse aparelho híbrido exige mais das pernas para aliviar na mesma intensidade os braços e se inclinar para uma atividade cardiovascular.**

Assim como a bicicleta para os braços, a atividade de reforço muscular prima sobre o treino cardiovascular. Para as costas, o *rider* é campeão. Menos inclinado para a frente do que no remo ergométrico, com as costas curvadas, você encontrará uma posição fisiológica correta. Um exercício complementar para sessões de treino cardiovascular.

## Conselhos e modalidades de utilização

Para praticar o remo ergométrico, é preciso antes aprender como utilizá-lo. Reme com as costas bem retas, sem se inclinar para a frente. Ao longo dos treinamentos ou da sessão, depois de desenferrujar, você ganhará um pouco de angulação. Com as palmas das mãos para baixo, aumente a extensão do movimento e até mesmo exagere na fase de aprendizado. Não reme de maneira desconfortável.

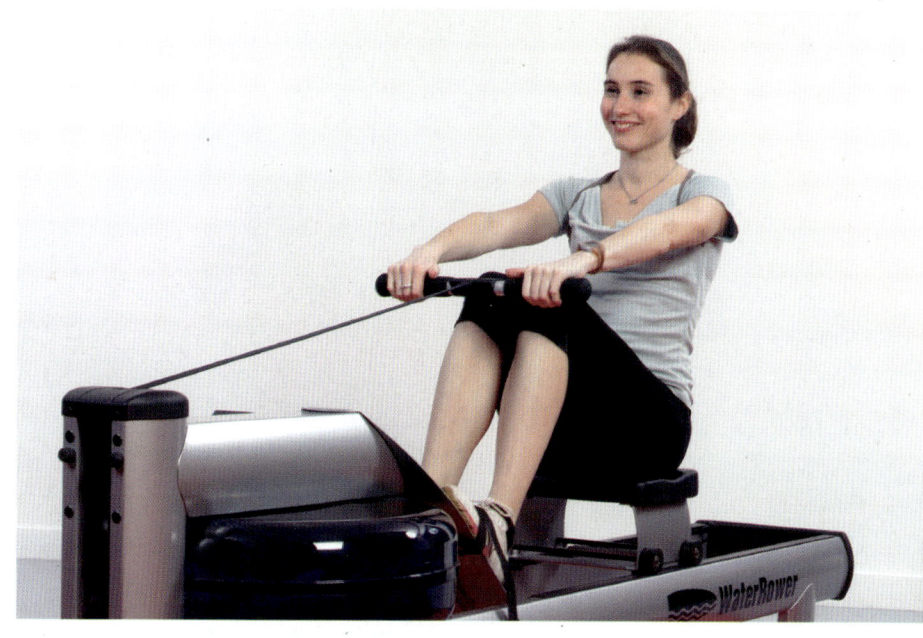

O gestual correto é acompanhado de uma respiração adaptada a esse esforço binário: inspire durante a fase ativa de tração sobre os braços e de impulso sobre as pernas, e expire durante a fase passiva de retorno.

Na fase passiva de retorno, é bom parar antes da flexão completa dos joelhos que comprimem as patelas.

*Socorro, estou deslizando! Se você usa um short de lycra, essa tendência para escorregar sobre o banco será maior. Sempre se procura a roupa ideal para não avançar e recuar todo o tempo sobre o banco. Senão, coloque um calçado! Pouco importa o tipo de calçado de esporte, mas não fique descalço ou de meias.*

# O *Stepper*

O stepper oferece verdadeira comodidade ao cotidiano e prepara perfeitamente para as atividades que envolvem subidas (corrida em montanha, caminhadas, escaladas). Ele também se mostra adaptado para se reconciliar com os modelos energéticos da arrancada. Não confundir com o mini stepper, um sucedâneo de eficácia incerta.

## Interesses e riscos para o coração
Ao contrário do elíptico e do remo ergométrico, o stepper é mais seguro no plano cardíaco.

Assim como na bicicleta, a atividade muscular se localiza essencialmente nas coxas. Muito rapidamente você irá sentir dores musculares limitantes. Suas coxas vão esquentar e bloquear seu esforço antes de precipitar seus batimentos cardíacos. Perfeito para evitar o entusiasmo!

Como esse aparelho causa um pouco de dor nas coxas, ele pode provocar aumento na pressão arterial. Os exercícios são bons para o coração, mas ligeiramente tóxicos para a pressão. Uma discordância em razão da baixa massa muscular solicitada. Poucos vasos se abrem, seu coração deve bombear mais forte e a pressão aumenta. É preciso prestar atenção para utilizar corretamente o *stepper* como um aparelho de treino cardiovascular, solicitando contrações frequentes, mas pouco intensas.

## O contrapé dos degraus

No *stepper*, ao contrário dos outros aparelhos, quanto mais a resistência é importante, mais a pedalagem se torna leve e fácil (com exceção dos aparelhos domésticos de levantar pesos). A dificuldade não consiste na resistência a empurrar, mas no peso do corpo a levantar: quando seu apoio sai de uma perna, a outra perna suporta todo o seu peso. Portanto, ao contrário das outras máquinas, com baixos níveis de dificuldade, é preciso empurrar com força sobre as coxas e o aparelho se torna mais muscular. Nos níveis fortes de dificuldade, o aparelho retorna às especificidades do treino cardiovascular e coloca o coração em ação. A resistência ao impulso é mais fraca, você reproduz uma espécie de corrida sem sair do lugar, um saltitar próximo do treinamento dos boxeadores quando pulam corda!

O *stepper* não é imediatamente acessível. Assim como o remo ergométrico, você deve adquirir boa técnica psicomotora antes de utilizá-la corretamente no aparelho de treino cardiovascular.

*Não necessariamente fácil de dominar na primeira utilização, o stepper se mostra muito eficaz uma vez que sua técnica esteja bem assimilada. Muito específico, ele não tem equivalente na preparação para os esportes com subidas.*

## Interesses e riscos para as articulações

*Ao obrigá-lo a suportar praticamente o peso de seu corpo, o stepper se revela um pouco mais pernicioso para suas articulações do que a bicicleta ou o remo ergométrico.*

A vantagem é que se você sofre dos joelhos, pode então adaptar seu gestual diminuindo ou aumentando a amplitude do movimento.

Além da lubrificação e do polimento das cartilagens em intensidades baixas, o *stepper* pode ser utilizado como atividade de reforço muscular dos membros inferiores. Ele permite, portanto, uma mistura de atividades específicas da vida cotidiana e dos esportes com subidas. Introduza sessões de *stepper* em sua preparação se você prevê uma caminhada ou trilha na montanha.

Os saltos de baixa amplitude propostos sobre esse aparelho são igualmente benéficos para a corrida a pé. Depois de uma lesão, os esportistas de alto nível não hesitam em treinar nessa escada perpétua para voltar a praticar a corrida e os saltos. O outro interesse é a proximidade com o gestual funcional do cotidiano. Esse movimento que se assemelha ao caminhar, à corrida, às subidas de escadas, é chamado de tripla extensão no jargão médico-esportivo. Ele corresponde à extensão simultânea do tornozelo, do joelho e dos quadris.

Aqui, o gesto o propulsiona para cima ao passo que, fisiologicamente, ele conduz antes para baixo.

## Cuidado com as costas!

Os iniciantes muitas vezes têm dificuldades. O maior defeito é apoiar com todo o peso do seu corpo sobre a resistência movendo o quadril. A coluna vertebral se encontra então em forte torção. Para evitá-la, o quadril deve permanecer perfeitamente estável, na horizontal. O movimento a ser integrado é de empurrar sobre as pernas, conservando o quadril imóvel. Se o impulso se torna demasiadamente difícil, modifique a resistência. Outro erro frequente consiste em se segurar com o braço para manter o equilíbrio. Aqui também a postura não está fisiologicamente correta. Você

**Programas de Treino Cardiovascular**

deve encontrar a resistência ideal para praticamente não segurar o *stepper*. O peso do seu corpo deve permanecer em suspensão, como se você corresse sem sair do lugar.

## O mini *stepper*, uma bela ferramenta de desencorajamento

*Você já viu alguém usar por muito tempo o mini stepper?*

A única vantagem desse falso irmão está no fato de ser fácil de guardar. Ele pode ser facilmente colocado embaixo da cama... e na maioria das vezes acaba ficando ali mesmo. Sem regulagem, ele dispõe de um eixo de rotação tão próximo do pedal de apoio que o pé acaba se inclinando muito, e isso não é muito fisiológico. Principalmente a busca de equilíbrio que se torna uma verdadeira proeza digna de um número de circo. É preciso se aproximar de uma parede bem sólida, eventualmente ornada de um belo pôster do campo, e nela se apoiar com convicção. Em equilíbrio sobre esse pedal de bolso, sua coluna vertebral se transforma em um verdadeiro ioiô. Traumatizante! O mini *stepper* pode dar boa consciência àqueles que não dispõem de muito lugar para alojar um verdadeiro aparelho de treino cardiovascular. Se esse é o seu caso, prefira antes uma academia ou inicie um *jogging*, os benefícios serão incomensuravelmente melhores... e duráveis.

## O *cardiowave* embeleza os adutores e as nádegas

**Recém-chegado a esta família de aparelhos, o cardiowave, espécie de stepper lateral, permite trabalhar os músculos laterais nunca solicitados no treino cardiovascular.**

O *stepper* lateral mobiliza os músculos laterais, nádegas e adutores, não muito solicitados nos outros aparelhos. Ao reproduzir o movimento de *skating* do esqui de fundo, ele prepara de forma ideal para os esportes de inverno. Também é muito benéfico para as atividades esportivas com fortes deslocamentos laterais, como o tênis ou o futebol. Um bom aparelho complementar, que se integra judiciosamente às sessões de preparação específicas dessas modalidades.

O *Stepper*

## Conselhos e modalidades de utilização

*Para iniciar suas sessões, não regule o stepper com a resistência mais baixa. Ao contrário, comece com uma resistência média para assimilar bem o movimento.*

**Programas de Treino Cardiovascular**

*Não acabe com o estoque de roupas de esporte para fazer o stepper. Assim como com o elíptico, você pode treinar de pijama, calçando um velho par de calçados de esporte. Um bom motivo para ficar em casa!*

# A Esteira

*Qual atividade não precisa de uma corrida a pé? Com todas as vantagens cardiovasculares da corrida, a esteira permite aperfeiçoar sua preparação adicionando desníveis positivos sem sofrer com os inconvenientes da descida. Depois de uma lesão, ela também permite uma verdadeira reeducação do* footing.*

## Interesses e riscos para o coração
*A esteira privilegia as vantagens da corrida a pé.*

Para o coração, assim como para o aparelho locomotor e tendinoso, a corrida é esplêndida. O número de praticantes atesta isso! Além de encontrar a corrida na maioria das atividades esportivas, os benefícios para o treino cardiovascular na esteira se fazem sentir rapidamente na vida cotidiana. Ao mobilizar 50% da massa muscular (contra 43% para a bicicleta), seus músculos exigem oxigênio. O coração se mobiliza facilmente. O volume muscular solicitado sendo importante, o momento em que você entrar em dívida de oxigênio é adiado. Seu limite se situa mais próximo de seu consumo máximo de oxigênio ($VO_2$ máx) do que na bicicleta ou no *stepper*. Apenas os triatletas com muito treino apresentam um "limite-bicicleta" e uma "frequência-cardíaca-máxima-bicicleta" próximos dos parâmetros da corrida a pé.

---

*N.R.T.: *Footing* é a prática de caminhada, que deve ser reduzida em caso de cardíacos.

**Programas de Treino Cardiovascular**

## Deslizando em velocidade

Sem a resistência do ar, a correspondência entre a velocidade da esteira e a corrida externa se encontra distorcida. A compensação se obtém acrescentando-se 1,5% de inclinação, um grau que modifica apenas um pouco o gestual do corredor. O passo, aliás, não é de fato o mesmo na esteira. O simulador o conduz para trás, fazendo-o modificar insidiosamente sua corrida por um trabalho mais importante dos músculos flexores.

A esteira reproduz uma atividade física fácil de ser praticada ao ar livre. Em casa, não é o aparelho ideal; além do mais, ela ocupa muito espaço. Melhor aproveitar as vantagens dos outros aparelhos de treino cardiovascular. Em contrapartida, na academia, a esteira se incorpora facilmente a inúmeros programas e responde a uma necessidade da maioria das modalidades esportivas.

*Uma das vantagens da esteira reside nessa possibilidade de treinar especificamente em subida, adicionando até 15% de inclinação.*

A Esteira

## Interesses e riscos para as articulações
*A esteira é certamente o aparelho de treino cardiovascular mais pernicioso para as articulações.*

Passando da caminhada para a corrida, você adiciona salto e recepção do peso do corpo, frenagem muscular e novo impulso. Ao correr a 12 quilômetros por hora, seu centro de gravidade se eleva em cerca de oito centímetros. Na recepção, as ondas de choque se propagam pelas estruturas ditas passivas (ossos e cartilagens) e pelos músculos. Se você é um maratonista com ossos hipersólidos, seu passo certamente sentirá cada recepção. Em contrapartida, se você se declara como corredor de fundo depois de um desafio entre amigos, existem grandes chances para que seu organismo o alerte por meio de inflamações, e até mesmo fraturas por fadiga.

Em corrida, as pressões aplicadas sobre as superfícies cartilaginosas das articulações dependem muito do peso do corpo. Em casos de sobrepeso, a esteira permite atenuar a recepção ao aumentar a inclinação mais do que a velocidade.

Enfim, lembremos que correr é excelente para o reforço ósseo. Ao reconstruir o osso em reação às lesões microscópicas provocadas pelos impactos, a corrida mantém sua arquitetura óssea. Para os idosos, a corrida, ainda mais do que a caminhada, é um excelente exercício contra a osteoporose.

## Pliometria e dissociação

Junto com o *stepper*, a corrida na esteira também é uma atividade de treino cardiovascular pliométrica. A pliometria é a sucessão rápida de uma contração de frenagem (a recepção do salto) e de uma contração de propulsão (o pulinho), uma noção presente em inúmeras atividades esportivas.

Assim, os esportistas lesionados trabalham sua condição física em aparelhos pouco prejudiciais (bicicleta ou elíptico) e operam sua recuperação na esteira para encontrar o gestual da corrida. Trata-se aqui de uma dissociação dos temas do treinamento. Na mesma lógica, se você é um apaixonado pela corrida a pé, mas tem meniscos desgastados ou um início de artrose, você pode treinar sua corrida no elíptico, na bicicleta, no remo ergométrico e treinar seu passo na esteira. Você terá assim dissociado o treinamento e limitado os traumatismos musculares e articulares.

O treinamento na esteira também permite correr em subida sem precisar descer. Basta elevar em alguns graus a inclinação da esteira para treinar em subida sem sofrer os impactos da descida a cada passo. Para preparar uma corrida na montanha, trabalhe a intensidade cardiovascular em subida na esteira. Aproveite suas corridas em meio natural para treinar sua coordenação e seu equilíbrio nas descidas, sem que sua técnica seja alterada pelo cansaço.

## Os calçados devem amortecer os impactos?

*A noção de amortecimento dos calçados, tão elogiada, foi por vezes questionada.*

Correr em solo maleável provoca novas patologias. O excesso de amortecimento impõe um forte impulso que pode provocar tendinites. Nos solos moles, para tonificar o apoio, o músculo e o tendão se colocam em pré-tensão. Eles chegam tensos ao impacto para compensar a suavidade e anulam, portanto, os benefícios do amortecimento. O gesto se torna tão solicitante quanto correr em solo macio; na areia, por exemplo.

Os manufatureiros afirmam também que o material é amortecedor, mas igualmente apto a restituir a energia. De fato, o calçado restitui muitas vezes a energia enquanto que o chão foi deixado há muito tempo. Reenviar energia de maneira sincronizada, no ritmo do passo de cada um, permanece um conceito puramente teórico. Mas, sobretudo, essa energia é repercutida no calcanhar (onde se passa a recepção), ao passo que a propulsão acontece na ponta. Essas dessincronizações estão, às vezes, na origem das tendinites. Com os tornozelos frágeis, é preferível optar por solas duras. O amortecimento de uma sola está ligado à sua espessura (o ar aprisionado, sob a forma de bolhas); uma sola que amortece é necessariamente alta e inevitavelmente instável. Enfim, é preferível sentir as irregularidades do terreno para permitir às articulações reagirem. Provocar uma entorse andando com os pés descalços continua sendo muito raro! Inúmeros podólogos são partidários da corrida com os pés descalços, ocasionalmente, para trabalhar as qualidades de amortecimentos naturais: a parte macia da planta e sua riqueza propioceptiva e informacional, e todos os sistemas de frenagem próprios a cada articulação. Nosso organismo dispõe de uma aptidão para amortecer que é excelente, não nos esqueçamos disso!

## Conselhos e modalidades de utilização

*Os passos saltitantes ou iniciados pela ponta dos pés devem ser proscritos. O calcanhar é o primeiro que entra em contato com o solo, depois o passo acontece. Você deve ver seus calçados diante de si e não correr atrás de seu centro de gravidade como se evitasse cair. O busto quase reto, sem se apoiar, nem se curvar, os passos se encadeiam com um encaixe diagonal dos ombros. Nada de passos oscilantes, por favor!*

*Parece que o melhor aprendizado da corrida... é a corrida. Seu organismo irá encontrar espontaneamente o passo mais rentável. Muitos corredores de fundo experientes permanecem em bom nível graças à aquisição de uma coordenação extremamente apurada. Com a experiência, eles correm cada vez melhor, ainda que não progridam no plano fisiológico.*

*Na esteira, opte antes por roupas curtas e limite o amortecimento de seus calçados, pois as esteiras são geralmente bem macias.*

# Que Aparelho Escolher?

*Essas cinco máquinas tradicionais de treino cardiovascular apresentam importantes qualidades. Se você tem acesso a uma academia, diversifique sua preparação e passe, sem hesitar, de um aparelho a outro. Você tem mais afinidade com este ou aquele aparelho? Escute-se! Da mesma maneira, não hesite em se aproximar do simulador mais próximo de sua atividade esportiva.*

*Se você prefere dispor de seu aparelho em casa, eis os nossos escolhidos:*

**1 Elíptico**

**2 Bicicleta ergométrica**

**3 Remo ergométrico**

**4 Stepper**

**5 Esteira**

*O elíptico é, sem dúvida, o aparelho mais completo de todos e o menos prejudicial às articulações. Um pouco volumoso, muitas vezes ele perde o seu lugar no apartamento para a bicicleta, que ocupa menos espaço. Mais específico, ele mobiliza menos grupos musculares, mas proporciona um bom treino e é suave com as articulações. Os outros aparelhos chegam longe, em último lugar.*

*O remo ergométrico foi desclassificado pelos prejuízos que ele inflige às costas. A mesma punição para o stepper, além de sua tendência a fazer balançar sua coluna vertebral. A esteira encerra a lista, pois o aparelho permanece volumoso e pouco aconselhado em um apartamento para conservar boas relações com a vizinhança. Além do mais, ainda que a esteira tenha sérios adeptos, é mais fácil correr ao ar livre. De todo modo, invista de maneira útil escolhendo o aparelho que não acabará no porão, enterrando definitivamente suas esperanças de viver em plena forma. Os ciclistas podem permanecer fiéis à bicicleta ergométrica, os amantes do trekking e raids nas montanhas ao stepper e os adeptos do remo ao remo ergométrico.*

75

# Os Princípios do Treinamento

*Saúde e desempenho nem sempre fazem uma bela dupla. Ali onde a primeira exige um pouco de moderação, o segundo corre atrás das intensidades elevadas. Sua zona de equilíbrio? Em um primeiro momento, a avaliação médica, capaz de colocar todo mundo de acordo, depois a regularidade, a diversidade e a especificidade do treinamento.*

*A maioria das sessões de treino cardiovascular se efetua com cinco intensidades dos esforços ditos aeróbios: resistência fundamental, resistência ativa, limite, dinamização do limite e $VO_2$ máx. Você lucrará se souber a que tipos de esforços elas correspondem e como funcionam!*

*A essas intensidades essenciais para os esportes de resistência sucedem as intensidades ditas anaeróbias, segundo o jargão usado. Elas são menos preponderantes para os treinos cardiovasculares; no entanto, inúmeros esportes fazem com frequência incursões nesse metabolismo mais intenso, porém menos durável.*

# As Intensidades do Esforço

## Como reconhecer as intensidades?
*O cardiofrequencímetro é o ideal?*

Esse pequeno relógio mostrando o número de batimentos cardíacos por minuto se impôs nos estádios e nas academias. Sua confiabilidade não é discutível. Em contrapartida, sua interpretação é mais delicada. O cardiofrequencímetro nem sempre sabe de tudo.

A frequência cardíaca de corredores de longas distâncias foi registrada durante 24 horas de esforços contínuos na mesma intensidade. Foi encontrada uma variação de 20% de acordo com a hora do dia. É imensa! Isso significa que seguindo ao pé da letra as indicações mostradas no pequeno visor sem ouvir suas sensações pode fazer você se esgotar com mais rapidez.

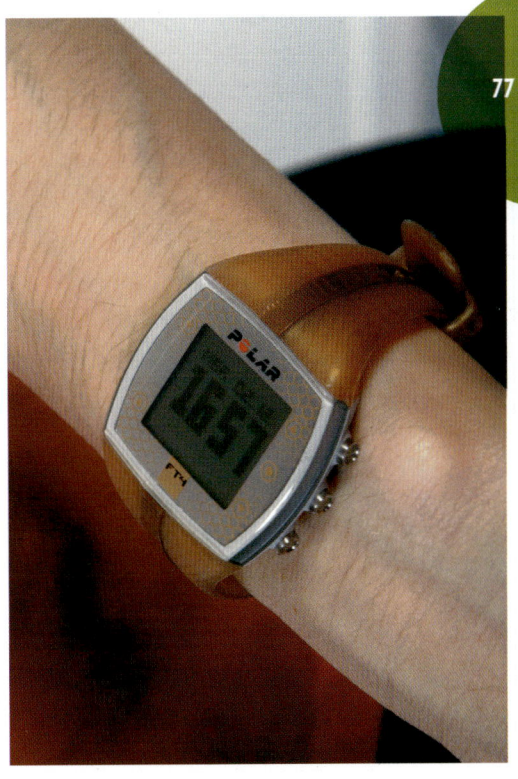

## O calor da emoção

A frequência cardíaca é afetada por inúmeros fatores:
- Ela aumenta com o calor proveniente da temperatura externa ou das contrações musculares.
- Ela evolui também ao longo do dia, e o coração bate mais rápido no final da tarde.
- A emoção também representa seu papel ao precipitar a frequência cardíaca no repouso: classicamente, antes de uma competição, na espera da largada, o coração tem tendência a disparar.
- A duração do esforço influi igualmente: quando o exercício continua por muito tempo, cada contração do coração perde o seu vigor. Para manter uma vazão cardíaca constante, a frequência cardíaca aumenta pouco a pouco. É o que os especialistas nomeiam como deriva cardíaca.
- Quando você inicia uma sessão de trabalho intervalado, sua frequência cardíaca não se fixa imediatamente na intensidade do exercício. Durante dois a três minutos, ela é mais baixa do que desejaria o gasto energético. Esse tempo para engrenar, que se reduz ao longo das repetições, deve igualmente ser levado em conta.
- A inércia constatada no momento de engrenar também está presente quando se diminui a intensidade: quando você para um esforço intenso, sua frequência cardíaca permanece elevada. Seu corpo contraiu uma dívida de oxigênio.

Em resumo, o essencial é não tomar como certo o que lhe diz o cardiofrequencímetro e permanecer atento às suas sensações.

## Respiração e sensações

Preste atenção em sua respiração. Poder falar ou cantar durante o esforço, ser apenas capaz de balbuciar algumas palavras, ter o fôlego curto... Esses elementos tangíveis podem muito facilmente ser atribuídos a cada amplitude cardíaca. Você os encontrará descritos mais adiante para cada uma das intensidades. Da mesma maneira, as sensações musculares e articulares constituem preciosos indicadores. Com um pouco de hábito, elas dão informações confiáveis. Enfim, o parâmetro mais subjetivo, mas não dos menos reveladores, é a "dificuldade sentida". Essa percepção varia para cada um de nós segundo o passado esportivo, a aptidão a resistir a um sofrimento, o grau de boa forma e principalmente em função do volume muscular solicitado. Ela é evolutiva com o treinamento que aumenta a tolerância ao esforço.

## Calcule sua frequência cardíaca de trabalho
*Nesta obra, as frequências cardíacas de trabalho são indicadas em função da frequência cardíaca de reserva.*

Esse dado é mais preciso e mais confiável do que uma porcentagem da frequência cardíaca máxima.

**Sua frequência cardíaca máxima (FC máx) =...................**
Em teoria, ela é igual a 220 menos sua idade em anos para os homens; 225 menos sua idade em anos para as mulheres. O resultado fornece o número de batimentos máximos por minuto. Durante uma prova de esforço, seu médico lhe indicará sua frequência cardíaca máxima real.

**Sua frequência cardíaca vida cotidiana (FC wo) =............**
Ela carrega igualmente o nome de frequência cardíaca com intensidade nula ou FC wo. É o número de batimentos cardíacos desperdiçados não fazendo nada, quando você está em pé prestes a subir no *stepper* ou no elíptico. Essa frequência é mais elevada do que aquela registrada de manhã, quando você está imóvel sob os cobertores.

**Sua frequência cardíaca de reserva (FC reserva) =..............**
Ela define sua reserva cardiovascular disponível: a diferença entre sua frequência máxima e a da vida cotidiana.
*FC de reserva = FC máx − FC vida cotidiana.*

**Sua frequência cardíaca de trabalho (FC trabalho)**
A frequência de treinamento é a adição de sua frequência cardíaca vida cotidiana e de uma porcentagem de sua reserva cardiovascular, variável segundo a intensidade escolhida.
*FC trabalho = FC vida cotidiana + (X% x FC reserva)*

**Programas de Treino Cardiovascular**

## Aeróbio e anaeróbio, com ou sem oxigênio

*O metabolismo aeróbio corresponde aos esforços de baixa intensidade.*

No aeróbio, o organismo pede ao oxigênio para liberar a energia oriunda das gorduras e do açúcar. Assim que a intensidade aumenta, o anaeróbio se encaixa progressivamente. Ao contrário do aeróbio, o anaeróbio não utiliza oxigênio. Reservada para esforços mais intensos, a série anaeróbia é tolerada por pouco tempo. Seu organismo funciona assim com uma dupla carburação, a do anaeróbio parcial a partir do limite, e a do aeróbio, que não aumenta mais sua participação a partir da $VO_2$ máx.

## Combustíveis com rendimentos diferentes

*Para fornecer a energia necessária ao seu organismo, lipídios (gorduras) e glucídios (açúcares) precisam de oxigênio em proporções diferentes.*

De um lado, será necessário muito oxigênio para queimar as gorduras. Em contrapartida, uma vez oxigenados, os lipídios liberam muita energia. Seu organismo se concede, assim, o privilégio de queimar as gorduras quando ele dispõe de uma margem de aporte de oxigênio. Com os açúcares, é preciso menos oxigênio, o rendimento é melhor. Portanto, não é surpreendente que esse rendimento esteja associado aos esforços de intensidade elevada. Fenômeno surpreendente, podemos comparar com os combustíveis do esforço às características dos combustíveis de automóveis: os lipídios se aproximam do diesel, mais econômico, e os glucídios da gasolina, capazes de um melhor desempenho.

# Resistência Fundamental

*Bem-vindo ao primeiro estágio das atividades físicas aeróbias! A resistência fundamental estabelece as bases da condição física. Os esportistas evocam de boa vontade o trabalho substancial quando eles treinam nessa amplitude cardiovascular, a dos esforços prolongados, mas também da retomada do esporte.*

## Como isso funciona, com quais combustíveis?

Nessa intensidade estritamente aeróbia, a essência de seu motor é basicamente a gordura, os lipídios. Por isso sua denominação igualmente costumeira de resistência lipídica. Essa intensidade se encontra também sob os termos de resistência de base baixa ou de capacidade aeróbia baixa ou fraca.

## Quais são os interesses para a saúde?

Muito úteis para prevenir as doenças cardiovasculares, os treinos nessa intensidade fazem trabalhar o coração sem sobrecarregá-lo.

## Quais são os interesses para o desempenho?

- Você vai habituar seu corpo a **eliminar suas gorduras** e a economizar seu estoque limitado de glicogênio. O interesse? Manter por mais tempo os esforços de longa duração.
- Esse esforço pouco intenso é o dos **treinos prolongados** e das **competições de longo percurso**. As grandes trilhas em

montanha, como o Circuito do Mont Blanc com 180 quilômetros de corrida nas pedras, ou as longas provas de bicicleta como a Étape du Tour, são dois exemplos dessa intensidade. Claro, para se apresentar na largada de tais epopeias, sessões de treinamento cardiovascular nessa intensidade não serão suficientes. Seu programa também deverá integrar intensidades superiores, mas igualmente treinamentos específicos de longa duração em sua modalidade.

- Preconizada para queimar as gorduras, ela é a intensidade recomendada para acompanhar os **regimes de emagrecimento**.
- Nas pessoas treinadas, a resistência fundamental é igualmente a **intensidade da sessão de recuperação**. O famoso treinamento regenerativo,* que deve ser feito uma vez por semana ou a cada 15 dias depois de uma competição ou de um treino constante.

## Como reconhecer essa intensidade?
### Sensações

*Sensações respiratórias:* leve aumento da frequência respiratória e da amplitude dos movimentos torácicos. Você pode falar sem dificuldade e até mesmo cantar.

*Sensações musculares e articulares:* nenhum incômodo muscular e articular é perceptível. No treino cardiovascular, o trabalho articular é ponderado pelo gesto guiado dos aparelhos.

*Sensação psicológica:* a de produzir um leve esforço.

### Frequência cardíaca

Entre 50 e 60% da frequência cardíaca de reserva:

FC Resistência Fundamental = FC vida cotidiana + (50 a 60% x FC reserva), ou seja: _____ (limite baixo)/ _____ (limite alto).

---

*N.T.: O treinamento regenerativo, considerado um repouso ativo, consiste em uma atividade de baixa intensidade, como caminhada ou corrida leve, que ajuda na recuperação do corpo do atleta após um desempenho de exigência alta.

## Como fazê-la progredir?

As sessões de resistência fundamental se estendem por períodos de 30 minutos a 1 hora e 30 minutos, contando com aquecimento e retorno à calma incluídos. Para progredir, convém alongar a duração e também procurar as intensidades superiores para aumentar sua capacidade e sua potência cardiovascular.

### Que aparelho utilizar?

**A bicicleta** é o mais bem adaptado a essa intensidade. Ela é pouco prejudicial no plano muscular e articular. Como essas sessões devem se prolongar ou servir de recuperação, é preferível utilizar um aparelho pouco traumatizante.

## Sessões típicas

▶ **Sessão curta (30 minutos)**
- ▶ 10 minutos de aquecimento progressivo;
- ▶ 15 minutos em intensidade de Resistência Fundamental;
- ▶ 5 minutos de retorno à calma.

▶ **Sessão longa (1 hora e 30 minutos)**
- ▶ 10 minutos de aquecimento progressivo;
- ▶ 1 hora e 15 minutos em intensidade de Resistência Fundamental;
- ▶ 5 minutos de retorno à calma.

– Na academia, você pode mudar de aparelho para quebrar a monotonia e aproveitar os benefícios da diversificação.

**Resistência Fundamental**

## As gorduras para as intensidades baixas e o repouso

Em baixa intensidade, o combustível do esforço provém sobretudo das gorduras, os lipídios. Eles são a energia das intensidades baixas e também do repouso. Saiba que as pessoas muito musculosas dispensam muita energia para manter seus músculos em repouso! Para essas atividades cotidianas, um homem precisa de 2.500 quilocalorias e uma mulher de 2 mil quilocalorias. Um esportista amador que treina durante horas em uma intensidade média queimará por volta de 3 mil quilocalorias durante o dia. Durante o Tour de France, um ciclista necessita de 5 a 6 mil quilocalorias cotidianamente!

# Resistência Ativa

*Passagem obrigatória antes da intensificação do treino, a resistência ativa é a intensidade-saúde ideal. É igualmente uma intensidade essencial dos esportes de resistência a partir da qual se desenvolve a maioria das provas.*

## Como funciona, com quais combustíveis?

Intensidade estritamente aeróbia, assim como a resistência fundamental, a resistência ativa queima principalmente o glicogênio (açúcar). Uma pequena fração desse açúcar se transforma em ácido lático, que faz aqui suas primeiras aparições. Nessa intensidade, o ácido lático é reutilizado e queimado nos grupos musculares menos mobilizados. Os dejetos sendo assim reciclados, o esforço pode se inscrever na duração. Essa intensidade também é evocada sob os sinônimos de resistência de base forte, capacidade aeróbia forte ou resistência glicogênica.

## Quais são os interesses para a saúde?

Ideal para a prevenção das doenças cardiovasculares, a resistência ativa é recomendada pelos cardiologistas. Se você não procura o desempenho, efetue sessões nessa intensidade três vezes por semana, você só obterá benefícios.

## Quais são os interesses para o desempenho?

A resistência ativa treina o músculo para consumir açúcar durante o esforço e para otimizar seu estoque de repouso. O treinamento nessa intensidade **adia o prazo do esgotamento** das reservas de açúcar.

Essa intensidade é a de quase todas **as provas de resistência de média distância**, cuja duração varia de uma a cinco horas: da semi-maratona à maratona para as corridas a pé, de uma prova cicloesportiva em ciclismo ou de um *cross-country* ao ciclismo de montanha, de uma arrancada no *triathlon* de curta distância...

## Como reconhecer essa intensidade?
### Sensações

*Sensações respiratórias*: ligeiro aumento da frequência respiratória e da amplitude dos movimentos torácicos. Você pode falar, mas não cantar.

*Sensações musculares e articulares*: você evolui sem incômodo muscular evidente, em perfeita tranquilidade articular e psicomotora.

*Sensações psicológicas:* o esforço demasiado leve é de uma "dificuldade" média, bastante fácil de manter.

### Frequência cardíaca

Entre 60 e 70% da frequência cardíaca de reserva:

FC Resistência Ativa = (60 a 70% x FC reserva) + FC vida ativa, ou seja: _____ (limite baixo)/_____ (limite alto).

## Como fazê-la progredir?

As sessões devem se prolongar de maneira contínua, de 35 minutos a 1 hora e 30 minutos, contando com o tempo de aquecimento e retorno à calma incluídos. Assim como para a resistência fundamental, para progredir será necessário não somente aumentar a duração das sessões, mas também treinar com intensidades superiores.

### Que aparelho utilizar?

Uma vez que essa intensidade corresponde à de inúmeras modalidades de resistência comportando a corrida, **a esteira** permite encontrar a especificidade com o treino. É preferível escolher o aparelho que mais se aproxima de sua modalidade esportiva. Se você tem acesso a uma academia, o ideal é diversificar os aparelhos: ao variar os prejuízos articulares, você reduz os riscos de lesões.

## Sessões típicas

▶ **Sessão curta (35 minutos)**
   ▶ 10 minutos de aquecimento progressivo;
   ▶ 20 minutos em intensidade de Resistência Ativa;
   ▶ 5 minutos de retorno à calma.

▶ **Sessão longa (1 hora e 30 minutos)**
   ▶ 10 minutos de aquecimento progressivo;
   ▶ 1 hora e 15 minutos em intensidade de Resistência Fundamental;
   ▶ 5 minutos de retorno à calma.
   • Na academia, você pode mudar de aparelho para quebrar a monotonia e aproveitar os benefícios da diversificação.

## Os açúcares estimulam a máquina

### *O esforço se intensifica!*

Você deve chegar ao topo dessa longa subida em esqui de fundo, nadar contra uma forte corrente ou acelerar a cadência em sua bicicleta ergométrica para a sessão de trabalho intervalado. Sua respiração se acelera, o oxigênio lhe falta. Seu organismo vai passar para um sistema mais rentável, o metabolismo dos açúcares, e começar a usar o estoque dos glucídios.

Essa flexibilidade que permite utilizar lipídios ou glucídios segundo a intensidade do esforço, conhece, no entanto, alguns limites. Uma vez que as reservas de açúcar estejam esgotadas, acabou, você não avança mais! O fenômeno é bem conhecido nos esportes de resistência. O estoque de glucídio a zero é o desmaio! Os corredores de fundo batem nesse famoso "muro da maratona" e os ciclistas parecem ter levado uma "martelada" na cabeça. O esgotamento do estoque de glicogênio aparece em primeiro lugar entre os fatores que limitam os esforços de longa e muito longa duração. Classicamente, ele anuncia a hipertermia, as microlesões musculares e o cansaço cerebral (programação gestual e transmissão da ordem). Saiba, contudo, que por meio do treino sua reserva de açúcar pode dobrar e até mesmo triplicar.

# Limite

*Trata-se de uma intensidade-chave do desempenho. Pela analogia automobilística, o limite poderia ser comparado à luz vermelha de um conta-giros. Seu organismo começa a esquentar e o ácido lático aumenta.*

## Como funciona, com quais combustíveis?

O que é esse limite? É a intensidade a partir da qual o combustível do esforço, o glicogênio (açúcar), é queimado de maneira incompleta. Essa combustão incompleta do açúcar produz o ácido lático, que aumenta insidiosamente no sangue e o organismo acaba produzindo mais e não pode reciclá-lo. Essa intensidade transitória se encontra com frequência sob os termos de resistência suave, resistência crítica, manutenção do limite.

## Quais são os interesses para a saúde?

Eles são muito discutíveis. O equilíbrio entre os riscos e os benefícios às vezes é precário. Os estudos mostram até mesmo que, a partir de 80 % da frequência cardíaca de reserva, os riscos de morte súbita aumentam, se uma doença cardíaca subjacente é medida.

## Quais são os interesses para o desempenho?

Para os **esportistas treinados**, evoluir seu limite permite melhorar a tolerância, mas também retardar o surgimento desta. Os esportistas de alto nível dispõem de um limite elevado e podem mantê-lo por muito tempo: alguns especialistas afirmam que as semimaratonas que duram uma hora são praticamente nessa intensidade.

Nas pessoas **pouco treinadas**, as sessões no limite aumentam igualmente a $VO_2$ máx (o consumo máximo de oxigênio).

Trata-se da **intensidade de treino mais rentável**. Se existe um "treino-desempenho" a ser privilegiado, é esse! Em contrapartida, de nada serve fazer três sessões no limite durante a semana. Para progredir, é necessário diversificar!

## Como reconhecer essa intensidade?
### Sensações

*Sensações respiratórias:* a falta de fôlego o persegue; você ainda pode falar, mas suas frases são básicas e não ultrapassam de 6 a 8 palavras.

*Sensações musculares e articulares:* no plano muscular, as coxas ficam um pouco mornas na bicicleta e no *stepper*, os braços começam a pesar no elíptico... O ritmo adotado se encontra ligeiramente superior ao bem-estar articular e psicomotor, sem engendrar dores articulares. Os aparelhos de treino cardiovascular permanecem pouco prejudiciais.

*Sensações psicológicas:* se o esforço é difícil, essa intensidade fornece um bom equilíbrio entre a dificuldade e uma sensação de esforço inebriante.

### Frequência cardíaca

Entre 70 e 80 % da frequência cardíaca de reserva.
FC Limite = (70 a 80 % x FC reserva) + FC vida ativa, ou seja: _____ (limite baixo)/ _____ (limite alto).

O limite se define em função da $VO_2$ máx (o consumo máximo de oxigênio): ele se situa em torno de 70 a 80 % da frequência cardíaca de reserva para um esportista médio, de 90% para um esportista de alto nível e de apenas 65% para um sedentário.

## Como fazê-lo progredir?

Para melhorar sua tolerância ao limite de acúmulo lático, é preciso efetuar sessões de treino cardiovascular nesse limite ou um pouco abaixo. Essa intensidade se mantém de maneira contínua de 30 minutos a uma hora para os esportistas de alto nível, contando com aquecimento e retorno à calma. Ao aumentar progressivamente a duração, com certeza você progredirá. É igualmente possível dividir a sessão em dois blocos.

### Que aparelho utilizar?

O **remo ergométrico** se presta perfeitamente ao trabalho nessa intensidade (depois de ter assimilado bem sua técnica), mas todos os aparelhos de treino cardiovascular, sem restrição, o permitem. Vamos repetir: você ganhará alternando essas sessões em aparelhos diferentes, caso tenha a possibilidade.

## Sessões típicas

▶ **Sessão curta (de 30 a 40 minutos)**
   ▶ 10 a 15 minutos de aquecimento progressivo;
   ▶ 15 a 20 minutos em intensidade Limite;
   ▶ 5 minutos de retorno à calma.

▶ **Sessão longa em duas séries (de 50 a 55 minutos)**
   ▶ 10 a 15 minutos de aquecimento progressivo;
   ▶ 15 minutos em intensidade Limite;
   ▶ 5 minutos de recuperação ativa;
   ▶ 15 minutos em intensidade Limite;
   ▶ 5 minutos de retorno à calma.

• A recuperação ativa se faz em intensidade de Resistência Fundamental.

❱ **Sessão longa contínua (de 45 a 65 minutos), reservada aos atletas muito experientes**
   ❱ 10 a 15 minutos de aquecimento progressivo;
   ❱ 30 a 45 minutos em intensidade Limite;
   ❱ 5 minutos de retorno à calma.

## Saúde e desempenho, o conflito

*O esporte de alta intensidade não traz nenhum benefício para a saúde.*

Os estudos são unânimes nesse ponto. Os benefícios de um treinamento que se aproxima ou ultrapassa limite são unicamente perceptíveis em termos de desempenho. No plano da saúde, o efeito é até mesmo contrário, uma vez que o treinamento a mais de 80% de sua capacidade cardiovascular máxima ($VO_2$ máx) aumenta o risco de morte súbita durante o esforço. Para a saúde, é costume aconselhar uma solicitação de intensidade média. Aquém do limite, o nosso compromisso é com a saúde. Para além, na busca da eficácia e do desempenho.

Durante um esforço intenso, o organismo bloqueia os metabolismos energéticos, como se ele se protegesse de um excesso de esforço. Uma defesa natural que a busca pelo desempenho rejeita e às vezes passa por cima. A acidez gerada por uma intensidade elevada está associada a um pico de hormônio do estresse (a famosa adrenalina) e a uma probabilidade de batimentos cardíacos irregulares (problemas de ritmo). Para distribuir corretamente, convém permanecer abaixo de seu limite, na resistência fundamental e na resistência ativa, as intensidades propostas na reeducação pós-infarto.

**Programas de Treino Cardiovascular**

# Dinamização do Limite

*Retardar o surgimento do limite lático implica um trabalho de intensidade ligeiramente superior a este. Os treinadores falam de trabalho "um pouco acima do limite", um esforço elevado que mexe com o organismo.*

## Como funciona e com quais combustíveis?

O glicogênio (açúcar) alimenta seu esforço, mas ele é queimado de maneira incompleta. O acúmulo do ácido lático no sangue freia os processos de liberação e de combustão de energia. Seu estoque energético derrete a olhos vistos! Seu organismo lança ininterruptamente sinais para que você pare, como o da dor. Ele lhe propõe que você se coloque abaixo dessa intensidade.

Segundo os manuais ou os especialistas esportivos, a dinamização do limite é igualmente chamada limite +, resistência dura, resistência crítica forte, potência aeróbia baixa ou limite anaeróbio.

## Quais são interesses para a saúde?

Nós somos mergulhados em um universo pouco relacionado com a saúde. A natureza não nos propôs estarmos aqui! Nesse nível, a acidez faz mal aos músculos. E além do mais, ela é geradora de secreção dos hormônios do estresse (a adrenalina principalmente), que podem provocar problemas do ritmo cardíaco.

**Programas de Treino Cardiovascular**

## Quais são os interesses para o desempenho?

O objetivo das sessões nessa intensidade é **aumentar o nível do limite e retardar o aparecimento do acúmulo de ácido lático**.

Sua **resistência progride**! Se você consegue passar seu limite de 70 a 90% de seu consumo máximo de oxigênio ($VO_2$ máx), poderá evoluir a 85% de sua $VO_2$ máx sem produzir ácido lático e, portanto, continuar um esforço intenso por mais tempo.

## Como reconhecer essa intensidade?
### Sensações

***Sensações respiratórias:*** a falta de fôlego é bem evidente; ela é igualmente crescente, pois quanto mais o esforço durar, mais o organismo vai se acidificar.

***Sensações musculares e articulares:*** os músculos queimam e se tornam doloridos, sobretudo com os aparelhos que solicitam poucos grupos musculares, como o *stepper* ou a bicicleta. No plano articular, sente-se uma forte perda de habilidade psicomotora. A tendência é se ajudar no esforço com o peso de seu corpo (pedalar com o peso dos ombros na bicicleta, puxar com as costas no remo ergométrico...).

***Sensações psicológicas:*** o esforço é difícil. E, quanto mais os minutos passam, mais isso se torna difícil. Se mentalmente você não está com boa disposição, a intensidade vai declinar. Você deve se estimular sem parar.

### Frequência cardíaca

Entre 80 e 90% da frequência cardíaca de reserva.

FC Dinamização do Limite = (80 a 90% x FC reserva) + FC vida ativa, ou seja: _____ (limite baixo)/ _____ (limite alto).

## Como conseguir aumentá-la?

O modo de treinamento habitual é alternar de seis a oito minutos nessa intensidade e depois se dar de três a quatro minutos de recuperação em Resistência Fundamental. O tempo de recuperação corresponde à metade do tempo de trabalho. Uma sequência que deve ser reproduzida de duas a quatro vezes.

### Que aparelho utilizar?

O *stepper* é muito interessante para isso, pois o esforço sobre as coxas gera rapidamente o ácido lático.

## Sessões típicas

▶ **Sessão curta (de 30 a 35 minutos)**
- 10 a 15 minutos de aquecimento progressivo;
- 6 minutos em intensidade de Dinamização do Limite;
- 3 minutos de recuperação ativa;
- 6 minutos em intensidade de Dinamização do Limite;
- 5 minutos de retorno à calma.
  • A recuperação ativa se faz em intensidade de Resistência Fundamental.

▶ **Sessão intermediária (de 42 a 47 minutos)**
- 10 a 15 minutos de aquecimento progressivo;
- 27 minutos: três vezes (seis minutos em intensidade de Dinamização do Limite/três minutos de recuperação ativa);
- 5 minutos de retorno à calma.
  • A recuperação ativa se faz na intensidade de Resistência Fundamental.

▶ **Sessão longa e difícil (de 63 a 68 minutos), reservada aos atletas bem treinados.**
- 10 a 15 minutos de aquecimento progressivo;
- 48 minutos: quatro vezes (oito minutos em intensidade Dinamização do Limite/4 minutos de recuperação ativa);
- 5 minutos de retorno à calma.
  • A recuperação ativa acontece em intensidade de Resistência Fundamental.

## A passagem do limite

*Em intensidade elevada, os músculos produzem o ácido lático, uma substância proveniente do açúcar (glucose) incompletamente queimado.*

O acúmulo dessa acidez é responsável pela perda de fôlego. É ele que o faz ofegar quando você sobe a escada correndo. É também ele quem provoca essa sensação de ardor muscular nas coxas durante as longas subidas em bicicleta. Além dessa dor, o acúmulo do ácido lático bloqueia o fornecimento de energia. A mensagem passada pelo corpo é clara: o organismo está sobrecarregado, existe o risco de superaquecimento. Está na hora de dar um tempo!

De fato, você acaba de ultrapassar o seu limite! Você não consegue mais reciclar o ácido lático produzido pelos músculos. Os esportistas experientes reconhecem facilmente essa transição, os novatos aprenderão rapidamente a identificá-la. Como já dissemos, o limite não se desencadeia com a mesma intensidade segundo as modalidades e os aparelhos; mais baixo na bicicleta e no *stepper*, por causa dos esforços musculares muito localizados nas coxas, ele se manifestará em intensidade mais elevada nos aparelhos que mobilizam mais grupos musculares, como o remo ergométrico, mas sobretudo o elíptico. O segredo do sucesso em competição de resistência é permanecer ligeiramente abaixo do limite, a fim de produzir o mínimo de acido lático.

# VO$_2$ Máx

*O máximo do metabolismo aeróbio! Um parâmetro essencial do desempenho. Essa intensidade corresponde à quantidade de oxigênio consumida quando você chegou à sua frequência cardíaca máxima. Ela define a "cilindrada" do esportista.*

## Como funciona e com quais combustíveis?

O glicogênio é o combustível exclusivo. Seu consumo de oxigênio continua aumentando com o crescimento da intensidade. Sua frequência cardíaca se acelera para alimentar os músculos com oxigênio. A partir de certo momento, apesar da intensificação do esforço, o consumo de oxigênio acaba se estabilizando determinando seu consumo máximo. A VO$_2$ máx define assim sua "cilindrada". Quanto mais ela aumenta, mais cresce o gasto de energia por minuto. Para atingir esse pico da intensidade aeróbia, você se encontra em um metabolismo anaeróbio parcial desde o limite. Essa intensidade é igualmente evocada sob as denominações de consumo máximo de oxigênio e de potência aeróbia forte.

## Quais são os interesses para a saúde?

Trabalhar nessa intensidade é de um interesse discutível para a saúde. No entanto, saiba que segundo as pesquisas conduzidas pela Universidade Americana de Stanford, a capacidade do corpo em consumir oxigênio com esforço (ou VO$_2$ máx) está relacionada ao prognóstico vital de cada indivíduo, qualquer que seja seu estado de saúde. Esse parâmetro deve ser considerado como um fator de condição física. Ainda que dispor de uma boa $VO_2$ máx seja benéfico para a saúde, a sessão específica permanece agressiva para o sistema cardiovascular.

## Quais são os interesses para o desempenho?

– Quanto mais sua $VO_2$ é importante, mais você desenvolverá a capacidade de **manter por mais tempo esforços de baixa intensidade** sem se encontrar em uma situação de superaquecimento. À imagem dos automóveis das 24 horas do Mans que dispõem de um "motor possante" para rodar 24 horas sem parar, o esportista que dispõe de um "possante motor cardíaco" está equipado para manter seus esforços por um longo período.
– **O tempo de manutenção, de três a 11 minutos, segundo o nível, está relacionado ao limite:** quanto mais este for elevado, menos ácido lático você acumulará e mais o tempo de manutenção na $VO_2$ máx será importante.

## Como reconhecer essa intensidade?
### Sensações

*Sensações respiratórias:* a partir de dois a três minutos de esforço contínuo em $VO_2$ máx, a falta de fôlego é mais intensa do que na dinamização do limite. Essa falta de fôlego é crescente: quanto mais o esforço durar, mais o organismo vai se acidificar.

*Sensações musculares e articulares:* os músculos queimam e se tornam doloridos, sobretudo com os aparelhos que solicitam poucos grupos musculares, como o *stepper* e a bicicleta. O bem-estar psicológico não está mais presente. Os gestos ficam pesados: o passo parece "arrastado" sobre a esteira, a vontade é de subir em uma bicicleta e pedalar em pé...

*Sensações psicológicas:* o esforço é difícil, mas existe algo ainda mais difícil, o organismo ainda tem alguma margem. É absolutamente possível terminar uma maratona correndo acima de sua $VO_2$ máx.

Nos exercícios de $VO_2$ máx curta, o cansaço é perfeitamente aceitável. Este depende da acidificação, e 30 segundos de aceleração não bastam para acumular muito ácido lático. Os 30 segundos de recuperação eliminam grande parte dessa acidez. O trabalho de $VO_2$ longa é, de longe, muito mais difícil.

### Frequência cardíaca

Entre 90 e 100% da frequência cardíaca de reserva.
FC VO$_2$ máx = (90 a 100% x FC reserva) + FC ativa, ou seja:
_____ (limite baixo)/ _____ (limite alto)

## Como fazê-la aumentar?

O trabalho intervalado em VO$_2$ máx se impõe com um tempo de recuperação equivalente ao tempo de trabalho. Com o treino, a VO$_2$ máx pode progredir da ordem de 20 a 30%. Uma sessão por semana ou a cada 15 dias para uma pessoa treinada é muito satisfatório.

### Que aparelho utilizar?

Sendo o rei dos aparelhos de treino cardiovascular, **o elíptico** será escolhido como a rainha das intensidades aeróbias. O elíptico mobiliza muitos músculos, não é prejudicial e um gestual alterado pelo cansaço não compromete. Ideal!
Evite a esteira. Se você tem bastante treino, pode afastar as pernas e deixar a esteira desfilar durante os períodos de recuperação, mas você corre o risco de ter um mal-estar vagal e a queda no momento da retomada dos apoios.

## Sessões típicas

Os treinadores dispõem de dois tipos de sessões de trabalho intervalado, a VO$_2$ longa e a Vo$_2$ curta; esta última está mais em voga.
- **Intervalado curto (30 minutos)**
    - 10 a 15 minutos de aquecimento progressivo;
    - 15 minutos alternando 30 segundos rápidos e 30 segundos lentos (recuperação ativa), ou seja, 15 blocos de 1 minuto;
    - 5 minutos de retorno à calma.
- **Intervalado longo (de 31 a 36 minutos)**
    - 10 a 15 minutos de aquecimento progressivo;

- 16 minutos alternando quatro vezes (2 minutos de aceleração e 2 minutos de recuperação ativa) ou duas vezes (4 minutos de aceleração e 4 minutos de recuperação ativa);
- 5 minutos de retorno à calma.

• Para esses dois tipos de sessões, não hesite em reduzir ou aumentar o número de blocos de acordo com seu programa ou sua forma no momento.

**Programas de Treino Cardiovascular**

## A VO$_2$ máxima sabe tudo sobre você!

*A VO$_2$ máxima se expressa em mililitro de oxigênio por quilograma de peso corporal e por minuto (ml/kg/minutos).*

Em repouso, para assumir suas funções vitais (batimentos cardíacos, manutenção da temperatura em 37°C), seu organismo consome de quatro a cinco mililitros de oxigênio por minuto e por quilograma. É a sua VO$_2$ mínima. Em esforço máximo, você consome de 35 a 90 ml/kg/min, de acordo com seu nível, 45 mililitros para um esportista de domingo, 55 mililitros para um esportista médio assíduo e de 70 mililitros a 90 ml para um esportista de alto nível. As mulheres dispõem de uma VO$_2$ máx inferior, da ordem de 75 mililitros em alto nível e de 30 a 35 mililitros para uma sedentária. A medida de sua VO$_2$ máx pode ser efetuada graças a uma prova de esforço, saiba disso!

# Capacidade Anaeróbia Lática

*O primeiro nível de esforço para além do $VO_2$ máx. Nessa intensidade 100% anaeróbia, você solicita a aptidão de absorver o ácido lático. Os treinos visam limitar a acidez, a pará-la. Os treinadores falam de sistema tampão.*

## Como funciona e com quais combustíveis?

O combustível é a glucose transformada em ácido lático. Durante essa reação química você produzirá energia, mas em quantidade baixa.

## Quais são os interesses para o desempenho?

Essa intensidade determina a capacidade para manter esforços de cerca de três minutos, suportando o ácido lático. O acúmulo do ácido lático vai se produzir insidiosamente em todas as competições longas, de intensidade relativamente elevada. Ao final de uma partida de futebol, por exemplo, fica-se mergulhado em ácido lático. Os ciclistas serão conduzidos a trabalhar sua capacidade anaeróbia lática para poder ultrapassar ou subir uma encosta em rápida velocidade.

## Como reconhecer essa intensidade?

É provavelmente o metabolismo mais difícil de manter. No que se refre ao cansaço sentido, é superduro! Vimos que o ácido provavelmente tinha sido concebido para limitar o esforço tóxico e aqui você caminha na direção desse esforço tóxico. Tudo contribui para que pare. Você já sufoca, seus músculos estão acidificados.

## Como fazê-la aumentar?

Essa intensidade se mantém entre 45 segundos para os iniciantes e quatro minutos para os esportistas de alto nível.

Os treinos limitam geralmente o trabalho a frações de um a dois minutos, seguidos de faixas de recuperação de três minutos repetidas de duas a quatro vezes. A recuperação é teoricamente passiva, na parada, a fim de impedir a reciclagem do ácido lático. Contudo, para evitar os desconfortos, é recomendado conservar uma ligeira atividade muscular.

As repetições são cada vez mais duras, pois o ácido lático não tem o tempo de ser eliminado. Você mergulha dentro! Não abuse desse tipo de sessão, você penderia rapidamente ao treinamento excessivo.

### Que aparelho utilizar?

**A bicicleta** e **o elíptico** se prestam melhor a esse tipo de sessão. A esteira pode se mostrar um pouco perigosa, pois a sua velocidade de deslizamento será alta e a parada brutal poderia provocar um mal-estar vagal. O *stepper* será dolorido demais para as coxas e o remo ergométrico exigente demais para as costas.

## Sessão típica

- **Capacidade anaeróbia lática (de 35 a 45 minutos)**
    - 15 minutos de aquecimento progressivo;
    - duas a quatro vezes (1 minuto e 30 segundos muito rápido + 3 minutos e 30 segundos de recuperação passiva);
    - 10 minutos de retorno à calma.

## A vida sem oxigênio

*Nas intensidades superiores à $VO_2$ máx, o oxigênio se mostra insuficiente para garantir o gasto energético dos músculos.*

As contrações são potentes demais. Esses esforços intensos necessitam de uma energia rapidamente explorável que o metabolismo aeróbio não é mais capaz de fornecer. Nessas condições, o ar trazido pela respiração é insuficiente para queimar suas reservas. O metabolismo aeróbio se torna menos determinante do que o anaeróbio. Mais uma vez, é possível avaliar o interesse em possuir uma importante $VO_2$ máx. Quanto mais esta é elevada, menos você solicita esses metabolismos pouco duráveis. Depois do esforço, a reciclagem do ácido lático será mais importante, sua recuperação será melhor.

**Capacidade Anaeróbia Lática**

# Potência Anaeróbia Lática

*Sempre para além da $VO_2$ máx, sem a contribuição de oxigênio (anaeróbio), desta vez não se trata da aptidão para suportar o ácido lático, mas sim para produzi-lo. Nessa intensidade, o esforço pode se prolongar de sete a 45 segundos.*

## Como funciona e com quais combustíveis?

Você vai adaptar seu corpo para queimar rapidamente açúcar, sem a contribuição de oxigênio, para produzir o ácido lático. O que é trabalhado é a cilindrada, a "pequena usina química" chamada enzima, que pega o açúcar para fabricar imediatamente o ácido lático.

## Quais são os interesses para o desempenho?

Esses treinos permitem renovar esforços intensos de cerca de 30 segundos. Eles se encontram nos esportes coletivos em que é preciso rapidamente se recolocar após uma perda de bola ou em uma troca difícil no tênis. Na corrida de *cross* ou no ciclismo de montanha será aquela pequena ladeira que deve ser vencida muito rapidamente ou aquela passagem em um terreno arenoso. É um esforço equivalente a uma arrancada longa de 200 metros.

Potência Anaeróbia Lática

## Como reconhecer essa intensidade?

Nessa intensidade superior à precedente, você produzirá tanto ácido lático que irá oscilar na capacidade anaeróbia lática de um segundo para o outro. Essa irá limitar a intensidade de seu esforço!

## Como fazê-la aumentar?

O costume é propor intervalos de 30 segundos para uma recuperação longa de 4 minutos e 30 segundos. Por que uma recuperação tão longa? Para que o esforço de potência não seja invalidado pelo acúmulo do ácido lático. É preciso então dar um tempo para eliminar o ácido lático por meio de recuperação em uma intensidade da ordem de 50 a 60% da $VO_2$ máx permanecendo abaixo do limite para ter uma boa recuperação, mas com intensidade suficientemente elevada para reciclar o máximo de ácido lático.

### Que aparelho utilizar?

O teste de referência a essa intensidade se faz na **bicicleta**. O **elíptico** se coloca como sério candidato assim como o *stepper*, em uma resistência baixa, para o gestual de salto que ele vai reproduzir. Para a intensidade anterior é preferível eliminar a esteira, perigosa demais, e o remo ergométrico, muito prejudicial para as costas.

## Sessão tipo

◗ **Potência anaeróbia lática (de 40 a 50 minutos)**
  ◗ 15 minutos de aquecimento progressivo;
  ◗ três a cinco vezes (30 segundos muito rápido + 4 minutos e 30 segundos de recuperação ativa);
  ◗ 10 minutos de retorno à calma.
- Nessa intensidade, você está quase "pisando fundo".

# Capacidade Anaeróbia Alática

*A explosividade está presente! Nessa intensidade de sete a oito segundos, muito limitada ao plano energético, você está por volta de 2 a 2,5 vezes a $VO_2$ máx.*

## Como funciona e com quais combustíveis?

Sem oxigênio (anaeróbio) nem ácido lático (alático), o organismo exige uma energia diretamente utilizável, a creatina fosfato. Essa substância está estocada nas fibras musculares em quantidade suficiente para produzir de sete a oito segundos de esforço. Não mais que isso!

## Quais são os interesses para o desempenho?

O interesse é a explosividade: o movimento de cintura com equilíbrio no futebol, a arrancada final em bicicleta, a subida à rede no tênis... As repetições de arrancada nos esportes coletivos, as ações de jogo, curtas, de três segundos situam-se nessa intensidade. Se você deseja prolongar os esforços explosivos ou renová-los mais rapidamente, é preciso solicitar esse metabolismo.

Nos cem metros rasos, com uma arrancada de aproximadamente dez segundos, dizia-se que Carl Lewis acelerava no final da corrida. De fato, ele diminuía sua velocidade menos que os outros.

## Capacidade Anaeróbia Alática

Ele dispunha de uma capacidade anaeróbia alática superior e podia permanecer mais tempo nesse metabolismo. Sua potência anaeróbia alática certamente também possuía melhor desempenho.

### Como reconhecer essa intensidade?

O esforço é ainda menor que na intensidade anterior e muito exigente no plano energético. A intensidade é tal que o ácido lático não vai contribuir o suficiente para garantir esse esforço.

### Como fazê-la aumentar?

Por meio de um trabalho intervalado de três a oito segundos, em potência máxima com recuperação parcial de 52 a 57 segundos, a fim de produzir esforço em todos os minutos. Essa recuperação é moderadamente ativa, abaixo do limite. O tempo de recuperação não permite recuperar totalmente a creatina fosfato. Para se reconstituir um estoque completo de creatina fosfato, o organismo necessita de três a sete minutos.

Como é difícil aumentar as concentrações de creatina fosfato, para aumentar o estoque dessa substância o costume é aumentar o volume muscular pela musculação. Um esportista mais musculoso terá a capacidade de prolongar um esforço de mesma intensidade ou, sobretudo, de aumentar essa intensidade.

### Que aparelho utilizar?

O *stepper* se presta muito bem a esse tipo de sessão, pois a amplitude do gesto é determinada pelo utilizador. Para poupar as costas, o remo ergométrico deve ser evitado. A inércia da bicicleta torna difícil o trabalho nessa intensidade. O elíptico e a esteira devem ser descartados.

## Sessão típica

▶ **Capacidade anaeróbia alática (41 minutos)**
- 15 minutos de aquecimento progressivo;
- seis vezes (6 segundos de acelerada + 54 segundos de recuperação) + 4 minutos de recuperação + seis vezes (3 segundos de acelerada + 57 segundos de recuperação);
- 10 minutos de retorno à calma.

### Mais rápido, mais alto, mais forte

*Última etapa das intensidades anaeróbias, a potência anaeróbia alática começa com esforços de duração muito curta, de um a quatro segundos.*

Trata-se de força e explosividade, que encontramos nas modalidades de salto, por exemplo. O treino cardiovascular é pouco adaptado a esse modelo de treinamento.

# Os Segredos de uma Boa Sessão de Treino Cardiovascular

## Aquecimento, atividade, retorno à calma

*Uma sessão sempre acontece em três etapas, qualquer que seja sua duração e sua intensidade: o aquecimento, a atividade programada e o retorno à calma.*

### Um aquecimento de 10 a 15 minutos

Essa fase de início conduz seu organismo da intensidade "vida cotidiana" à da atividade almejada. Essa etapa progressiva não deve de forma alguma ultrapassar a intensidade da atividade programada. No aquecimento, um maratonista não vai levar seu passo à velocidade da arrancada, mas se limitar ao de sua corrida. Um aquecimento gradual de 10 minutos é muitas vezes suficiente. No entanto, para conseguir uma intensidade elevada ou iniciar uma sessão de salto em colchão, é muito provável que você sinta a necessidade de aumentar o aquecimento para 15 minutos.

### Uma atividade de 15 a 90 minutos, e até mais.

No início de seu treino, você estará na gama baixa da intensidade buscada. Quanto mais avançar na sessão, mais você derivará para o alto dessa gama. No jargão, isso se chama o tempo para engrenar. Um aquecimento progressivo bem conduzido reduzirá esse tempo para engrenar. Sua constância no treino também! Quanto mais você repetir as sessões, mais rápido atingirá a intensidade buscada. Enfim, esse tempo para engrenar é mais longo nas intensidades mais elevadas.

## Um retorno à calma de cinco minutos

O retorno à intensidade "vida cotidiana" é uma passagem obrigatória. Não a negligencie de forma alguma! Essa recuperação ativa permite reciclar e eliminar as substâncias ácidas se você chegou perto ou ultrapassou seu limite, mas também evitar um eventual mal-estar momentâneo. Você deve continuar o exercício reduzindo a frequência do movimento e a resistência do aparelho para se aproximar de sua frequência cardíaca anterior à sessão. Você não a reencontrará completamente! Seu corpo contraiu uma dívida térmica. Em reação a essa elevação da temperatura corporal, seu organismo envia sangue quente para os vasos cutâneos para que ele esfrie em contato com o ar ambiente, mais fresco. Sua bomba cardíaca continua seu trabalho. Se você iniciou no aparelho elíptico com 80 batimentos por minuto (bpm), depois de cinco minutos de retorno à calma, a frequência de seu coração se situará muito provavelmente em torno de 100 a 110 bpm. Quanto mais a intensidade da sessão for elevada, mais o retorno à calma poderá ser prolongado. Ele geralmente corresponde à metade da duração do aquecimento. Os idosos podem prolongar essa duração.

## Tem uma dúvida? Pare imediatamente!

***Sensações anormais se manifestam durante suas sessões?***

Pare imediatamente e consulte um médico. Eis os grandes sintomas que impõem a parada do esforço e a consulta cardíaca:

- O **mal-estar** durante o esforço, mas igualmente na parada.
- A **perda de consciência** durante o esforço ou na parada do esforço.
- As **dores** no peito, no maxilar ou no braço esquerdo.
- As **palpitações**, os batimentos cardíacos com frequência brutalmente aumentada (movimento em uma frequência aparentemente mal adaptada ao esforço) ou irregular.
- As **dores de cabeça**, a impressão de golpes, de marteladas no interior do crânio... os primeiros sintomas que podem conduzir a um aneurisma.

Mais vale prevenir do que remediar. É bom lembrar que uma consulta médica se impõe antes de qualquer prática esportiva regular. Por outro lado, qualquer que seja seu nível, é importante organizar sessões de recuperação de baixa intensidade. Os maiores esportistas o fazem.

## A que horas treinar?

*Entre 9 e 11 horas e entre 17 e 18 horas, sua eficácia física está no máximo.* O ideal! De manhã é a sua psicomotricidade que se destaca; à tarde, sua força muscular. A maioria dos recordes do mundo é batida por volta das 18 horas. Esses picos de horário correspondem aos períodos de treinamento dos esportistas profissionais, portanto aos melhores momentos para sua sessão de treino cardiovascular. Mas é impossível, pois nessas horas você trabalha ou deve ir buscar as crianças na escola! O ideal esportivo nem sempre é realizável. Esta não é uma razão para que você desista de praticar esporte. Mesmo que seu ritmo social contradiga seu ritmo biológico, os benefícios de uma atividade física são inegáveis. No final de semana ou nas férias, assim que você possa, coloque sua sessão de esporte no meio da manhã ou depois das 17 horas. Fora desses períodos ideais, siga nossos conselhos.

### Os compromissos da vida ativa

**A sessão matinal** é muito benéfica. Ela aumenta a temperatura corporal, ativa o sistema nervoso central, impondo a programação dos movimentos. Ao sair da cama, a sessão de treino cardiovascular contribui para despertá-lo. Comece lentamente e prolongue o aquecimento.

**O treino à noite** não é bom para se entregar aos braços de Morfeu. Os estudos mostram que um ótimo limite de tempo entre o esporte e um sono de qualidade é de pelo menos uma hora. Se você não tem outras possibilidades, efetue então sua sessão o mais cedo possível e cuide do retorno à calma. Uma redução muito progressiva da intensidade, alongamentos leves, relaxamento e uma ducha ou um banho de banheira morno (36ºC) deverão concluir seu programa. Evite os treinos muito violentos, você corre o risco de despertar de forma abusiva o seu organismo. A sessão de trabalho intervalado, programada por volta das 21 horas, não é muito propícia para um sono noturno reparador.

### Os Segredos de uma Boa Sessão de Treino Cardiovascular

**Na hora do almoço**, você não está em uma fase de ascendência de sua boa forma. Seu organismo desce de seu pico de boa forma de 11 horas e muito devagar se deixa levar para a sesta das 14 horas. Seu exercício físico deve se inspirar na mesma estratégia da noite. Depois de um retorno à calma, deixe seu relaxamento se transformar em uma sesta de alguns minutos. Encadeie com uma refeição leve, rica em proteínas e pobre em amidos.

*Life Fitness* 95T

# Escolha Seu Programa

Os programas propostos são baseados em ciclos de uma semana, às vezes de duas e ocasionalmente de três. A frequência aconselhada é de três ou quatro sessões de esporte por semana. Por que esse ritmo? Trata-se aqui de um excelente compromisso entre treino e recuperação. Esse ritmo se modula e se adapta às suas outras atividades esportivas, sendo o ideal alternar um dia de atividade e um dia de descanso. Se você joga tênis ou futebol aos domingos, ou se nada ou corre, suas sessões de treino cardiovascular devem se organizar em torno de sua indispensável atividade predileta do fim de semana.

Você pode fazer mais se está muito treinado, ao alternar os modelos de treinamento (treino cardiovascular, musculação, trabalho técnico específico...). Tente não fazer menos! Vamos repetir, o esporte três vezes por semana, em razão de sessões de 30 minutos a uma hora, é bastante benéfico para a boa forma e a saúde. E isso representa apenas de 1,6 a 3% do tempo que você passa acordado! Siga, portanto, esses programas sem interrupção: se você só pode efetuar duas sessões em uma semana, comece pela terceira na semana seguinte e assim por diante.

Para cada uma das 21 temáticas esportivas ou de saúde, nós lhe aconselhamos os aparelhos que *devem ser utilizados se você tem acesso a uma academia e ao seu aparelho predileto em casa. Lembremos que todos esses programas podem ser efetuados em uma mesma máquina! Se você prefere o remo ergométrico ao elíptico, preste atenção! O essencial é respeltar as intensidades e o desenrolar das sessões.*

*Surpreenda-se e surpreenda seu organismo ao mudar de programa, ao alternar as sessões e ao diversificar suas atividades esportivas. A adaptação a novas dificuldades é a base da preparação física e do prazer.*

*Bom treino!*

Escolha Seu Programa

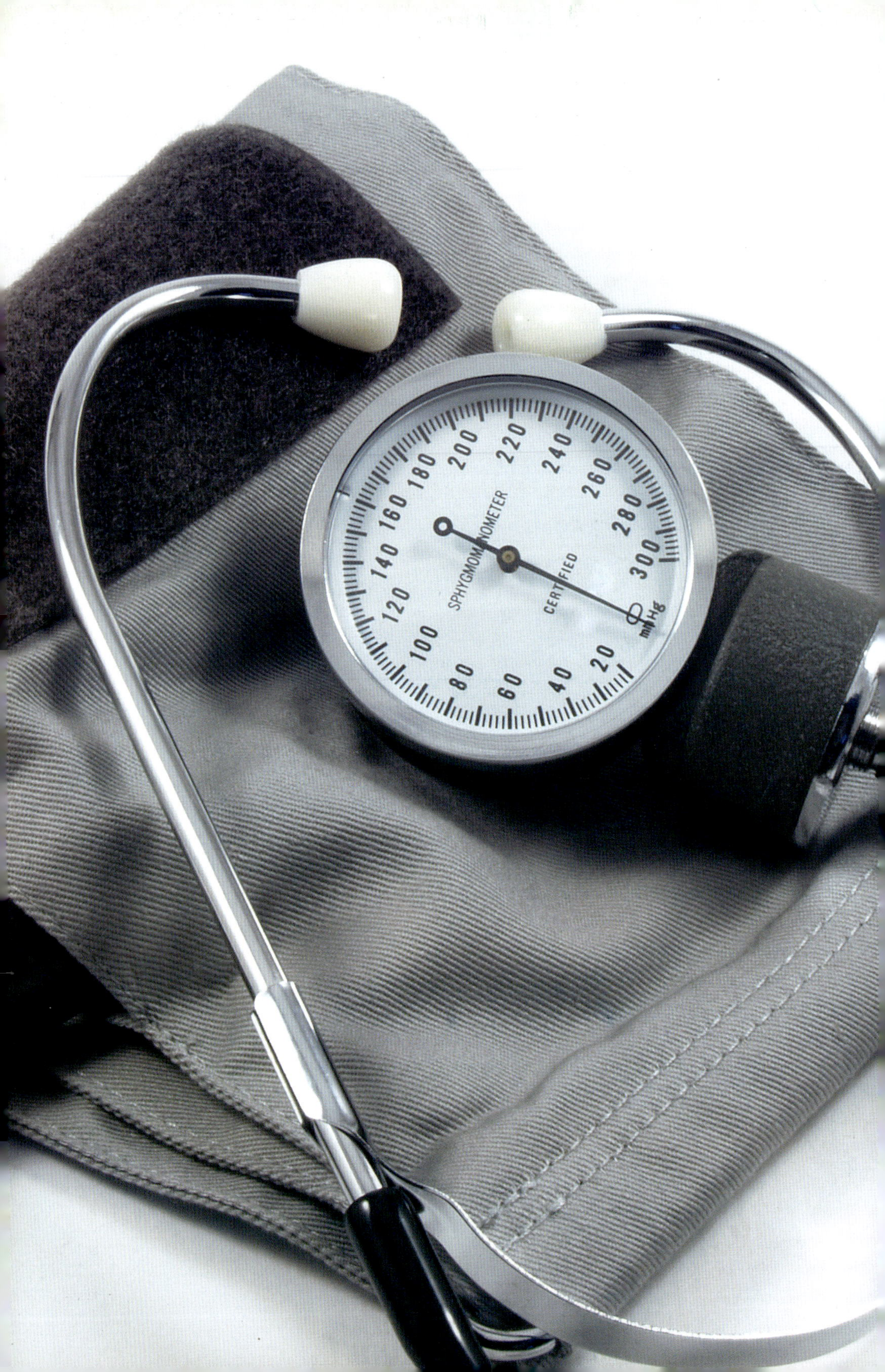
20
40
60
80
100
120
140
160
180
200
220
240
260
280
300
mmHg

# Retomada do Esporte

*Inativo arrependido, pessoa em sobrecarga de peso, ativo que retorna após uma longa lesão ou doença, em nove semanas, você irá reatar em toda segurança com a atividade física. Ao longo das três primeiras semanas, você deve também realizar uma avaliação médica.*

Você é esportista ou sedentário? Um esportista treina pelo menos três vezes por semana, de 30 a 60 minutos, em intensidade média. Abaixo disso, você é considerado uma pessoa sedentária. Que você pratique sua atividade favorita uma vez por semana ou que seu cotidiano permaneça fisicamente mobilizador (caminhar ativo, subir escadas...), você não se beneficia de todos os efeitos favoráveis de um treino esportivo regular! Da mesma maneira, uma pessoa que parou toda atividade esportiva durante mais de três meses, encontra-se sedentária. Ela deve se organizar para uma retomada suave.

Para deixar esse estado reconhecido como invalidante, este programa de nove semanas dosa sua progressão. Os aparelhos se adaptam à sua condição e limitam suas dificuldades. Três semanas correspondem a uma unidade fisiológica de adaptação, por isso uma gradação em três ciclos. Ao final dessas nove semanas, você terá reencontrado a boa forma. Subirá as escadas com mais facilidade. Os deslocamentos a pé começam a deixá-lo mais contente. Você até mesmo considera retirar sua velha bicicleta do armário. Parabéns, o treino cardiovascular se tornou seu preparador físico do cotidiano!

# Programas de Treino Cardiovascular

### Os aparelhos aconselhados
◗ Na academia: bicicleta, elíptico.
◗ Em casa: bicicleta.

## Programa de adaptação

*Essa readaptação fisiológica de nove semanas é dividida em três ciclos progressivos de três semanas. Os exercícios podem ser feitos na bicicleta ou no elíptico, os dois aparelhos mais tolerantes com suas articulações e os mais fáceis de utilizar.*

◗ **Primeiro ciclo**
Retomada do movimento.

◗ **Segundo ciclo**
Atividade física.

◗ **Terceiro ciclo**
Esporte sem pressa.

## Ciclo de retomada do movimento

Ao longo dessas três primeiras semanas, seu organismo se reconcilia com a mobilidade.

◗ **Semana 1**
três sessões idênticas: 3 x 20 minutos em intensidade de caminhada ativa.

◗ **Semana 2**
três sessões idênticas: 3 x 25 minutos em intensidade de caminhada ativa.

▶ **Semana 3**

três sessões idênticas: 3 x 30 minutos em intensidade de caminhada ativa.

- Para todas essas sessões, alterne indiferentemente bicicleta ou elíptico.
- A caminhada ativa corresponde aos primeiros passos da atividade física. Ela se situa entre "não fazer nada" e o início de uma atividade física de resistência. Você não fica sem fôlego, mas, por outro lado, seu organismo trabalha mais do que durante seus deslocamentos cotidianos.
- Essa intensidade se situa entre 40 e 50% da reserva cardiovascular, ou seja, FC vida cotidiana + 40%/50% x FC reserva.
- Essa intensidade corresponde à do aquecimento; assim, os tempos de início e de retorno à calma não são necessários.

## Ciclo de atividade física

Depois do sinal verde médico, você se desloca progressivamente para a atividade física.

▶ **Semana 4**
  ▶ três sessões idênticas 3 x 30 minutos:
  ▶ 10 minutos de aquecimento progressivo;
  ▶ 5 minutos em intensidade de Resistência Fundamental;
  ▶ 10 minutos em intensidade de caminhada ativa.
  ▶ 5 minutos de retorno à calma.

▶ **Semana 5**
  ▶ três sessões idênticas 3 x 30 minutos:
  ▶ 10 minutos de aquecimento progressivo;
  ▶ 10 minutos em intensidade de Resistência Fundamental;
  ▶ 5 minutos em intensidade de caminhada ativa;
  ▶ 5 minutos de retorno à calma.

## Programas de Treino Cardiovascular

▶ **Semana 6**
três sessões idênticas 3 x 30 minutos:
- ▶ 10 minutos de aquecimento progressivo;
- ▶ 15 minutos em intensidade de Resistência Fundamental;
- ▶ 5 minutos de retorno à calma.
* Uma sessão a ser feita na bicicleta ou no elíptico.
* Alterne, se possível, um dia de descanso e um dia de atividade, a fim de deixar seu organismo se recompor.

### Ciclo de esporte sem pressa

Estas três últimas semanas o conduzem a intensidades cardiovasculares ideais para a saúde. A boa forma não está muito longe!

▶ **Semana 7**
três sessões idênticas 3 x 30 minutos:
- ▶ 10 minutos de aquecimento progressivo;
- ▶ 10 minutos em intensidade de Resistência Fundamental;
- ▶ 5 minutos em intensidade de Resistência Ativa;
- ▶ 5 minutos de retorno à calma.

▶ **Semana 8**
três sessões idênticas 3 x 30 minutos:
- ▶ 10 minutos de aquecimento progressivo;
- ▶ 10 minutos em intensidade de Resistência Fundamental;
- ▶ 5 minutos em intensidade de Resistência Ativa;
- ▶ 5 minutos de retorno à calma.

▶ **Semana 9**
três sessões idênticas 3 x 30 minutos:
- ▶ 10 minutos de aquecimento progressivo;
- ▶ 15 minutos em intensidade de Resistência Ativa;
- ▶ 5 minutos de retorno à calma.

* Para todas essas sessões, alterne indiferentemente bicicleta ou elíptico.

## Esporte, um antídoto para a depressão

*Já foi demonstrado que o esporte também participa no tratamento da depressão.*

Esse sofrimento moral se caracteriza principalmente por uma apatia e uma lentidão intelectual. O esporte impõe a programação de um movimento. Ele desperta o cérebro! As modalidades com gestos repetitivos, como o *jogging* ou o treino cardiovascular, provaram sua eficácia. Os movimentos repetitivos agem sobre o cérebro da mesma forma que os acalantos com os bebês: eles tranquilizam. O mesmo vale para as atividades de coordenação pouco complexas que estimulam as aquisições sem desencorajar o iniciante! Além do mais, de um ponto de vista psicológico, o esporte embeleza a silhueta e permite se reconciliar com sua imagem corporal.

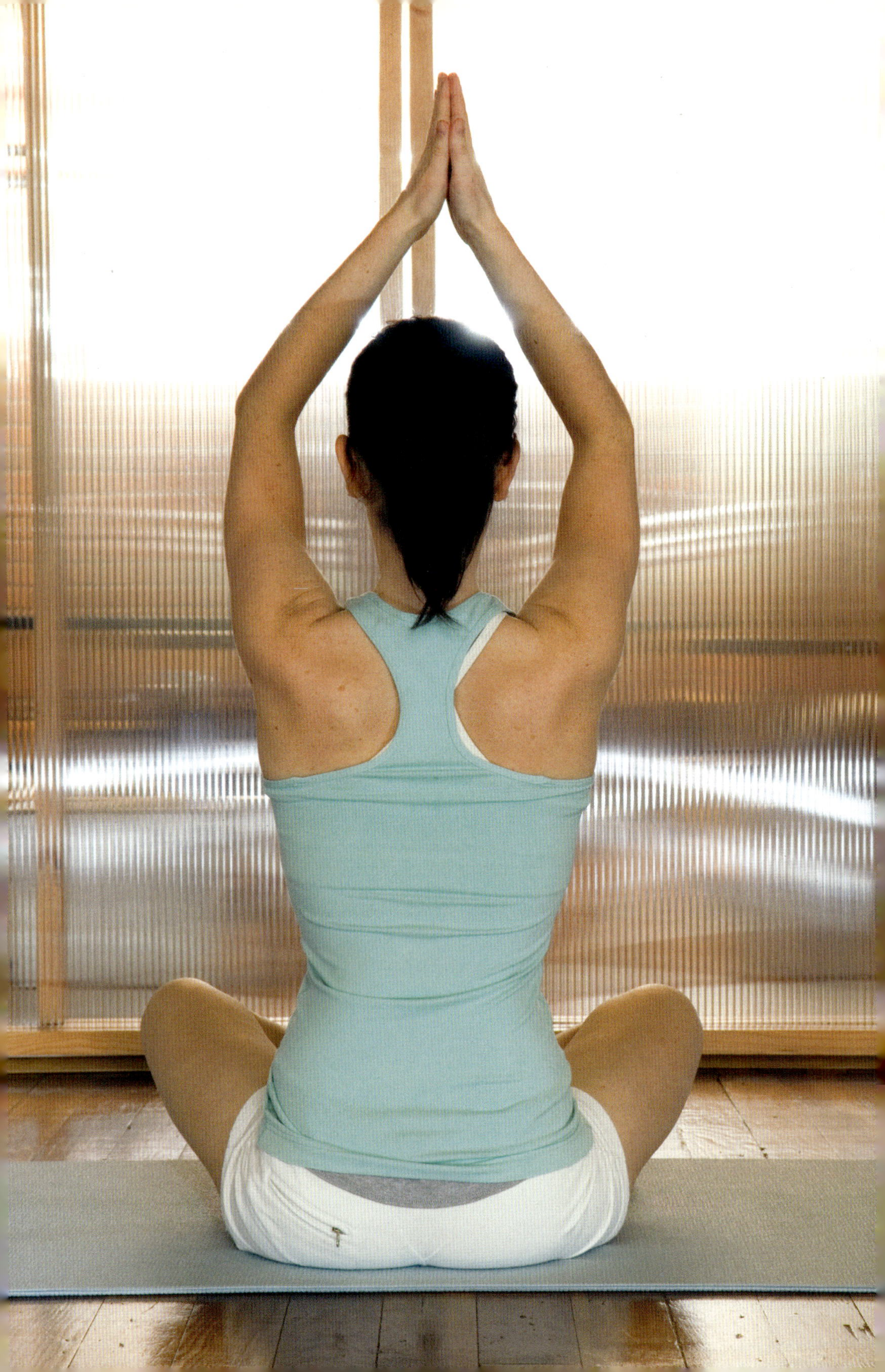

# Saúde e Bem-Estar

*A saúde e o bem-estar são importantes a você mais do que as performances esportivas! Com a intensidade recomendada pelos cardiologistas, essas sessões de treino cardiovascular devem ser contínuas até... os 120 anos. Um bom complemento aos esportes que exigem uma pequena dose de resistência.*

A eficácia do esporte foi demonstrada contra um bom número de doenças. O esporte reduz o risco de crise cardíaca e acidente vascular cerebral. Previne e participa do tratamento do diabetes, do excesso de colesterol e da hipertensão arterial. Luta contra a perda de massa muscular e o desgaste das articulações. Também colabora para a sensação de bem-estar físico e mental e contribui para o tratamento do estresse e da depressão. Melhora a memorização e ajuda na prevenção do mal de Alzheimer. Somente bons argumentos para pendurar na cabeceira da cama e não se esquecer suas três sessões semanais. Por que essa frequência? Os estudos também concordam quanto a este ponto: uma atividade esportiva de intensidade média, praticada três vezes por semana, à razão de 30 a 60 minutos por sessão, age como uma verdadeira vacina contra a morbidez e a morosidade. O corpo adora alternar as fases de solicitação e de recuperação. Então lhe conceda esse favor treinando, se possível, um dia a cada dois.

# Programas de Treino Cardiovascular

## Os aparelhos aconselhados
- Na academia: elíptico, remo ergométrico, bicicleta, esteira.
- Em casa: elíptico.

## Programa ativo

*Tão simples quanto eficaz, esta sessão se renova três vezes na semana. Lembremos que essa intensidade é preconizada para a prevenção das doenças cardiovasculares.*

- 3 x sessões **RESISTÊNCIA**

## Programa Essencial

*Quando você introduz uma sessão mais longa em uma intensidade menos elevada, acaba tendo a alternativa de um treino essencial que ajuda no emagrecimento.*

- 2 x sessões **RESISTÊNCIA**
- 1 x sessão **RESISTÊNCIA LONGA**

## Conteúdo das sessões

- **Sessão RESISTÊNCIA, de 30 a 40 minutos**

Nesta intensidade recomendada pelos cardiologistas, você evolui em perfeito conforto respiratório.

- 10 minutos de aquecimento progressivo;
- 15 a 30 minutos em intensidade de Resistência Ativa;
- 5 minutos de retorno à calma.

Saúde e Bem-Estar

- Se tiver a possibilidade, varie os aparelhos privilegiando o elíptico, o remo ergométrico e depois a bicicleta ou a esteira. Ao alternar os aparelhos, você multiplica os benefícios para a saúde.
- É mais simples mudar de aparelho de uma sessão para a outra do que no meio da mesma sessão.

▶ **Sessão RESISTÊNCIA LONGA, de 45 a 60 minutos**
Treino que permite constituir uma base de resistência sólida e com uma inevitável boa combustão das gorduras.

  ▶ 10 minutos de aquecimento progressivo;
  ▶ 30 a 45 minutos em intensidade de Resistência Fundamental;
  ▶ 5 minutos de retorno à calma.

- Não hesite em mudar de aparelho ao longo da sessão associando os simuladores que solicitam grupos musculares diferentes: bicicleta e remo ergométrico; elíptico e esteira; bicicleta e elíptico; remo ergométrico e esteira.
- Essa sessão longa pode ser substituída com vantagem por um belo programa esportivo de caminhada, bicicleta ou natação.

## Você sabia?

Antes de 120 anos, morremos de doença, com 120 anos, morremos de velhice. As células param de se multiplicar quando elas esgotam as mensagens que lhes impõem que o façam. Na extremidade de cada cromossomo, os telômeros encolhem quando as células se multiplicam. Quando os telômeros se tornam demasiado curtos, as células param de se multiplicar. Elas morrem. Em jargão médico, isso se chama apoptose. Alguns cientistas viram nesse mecanismo um relógio biológico que governa o envelhecimento das células. Os anciões sempre atingiram por volta de 120 anos, em qualquer tipo de civilização.

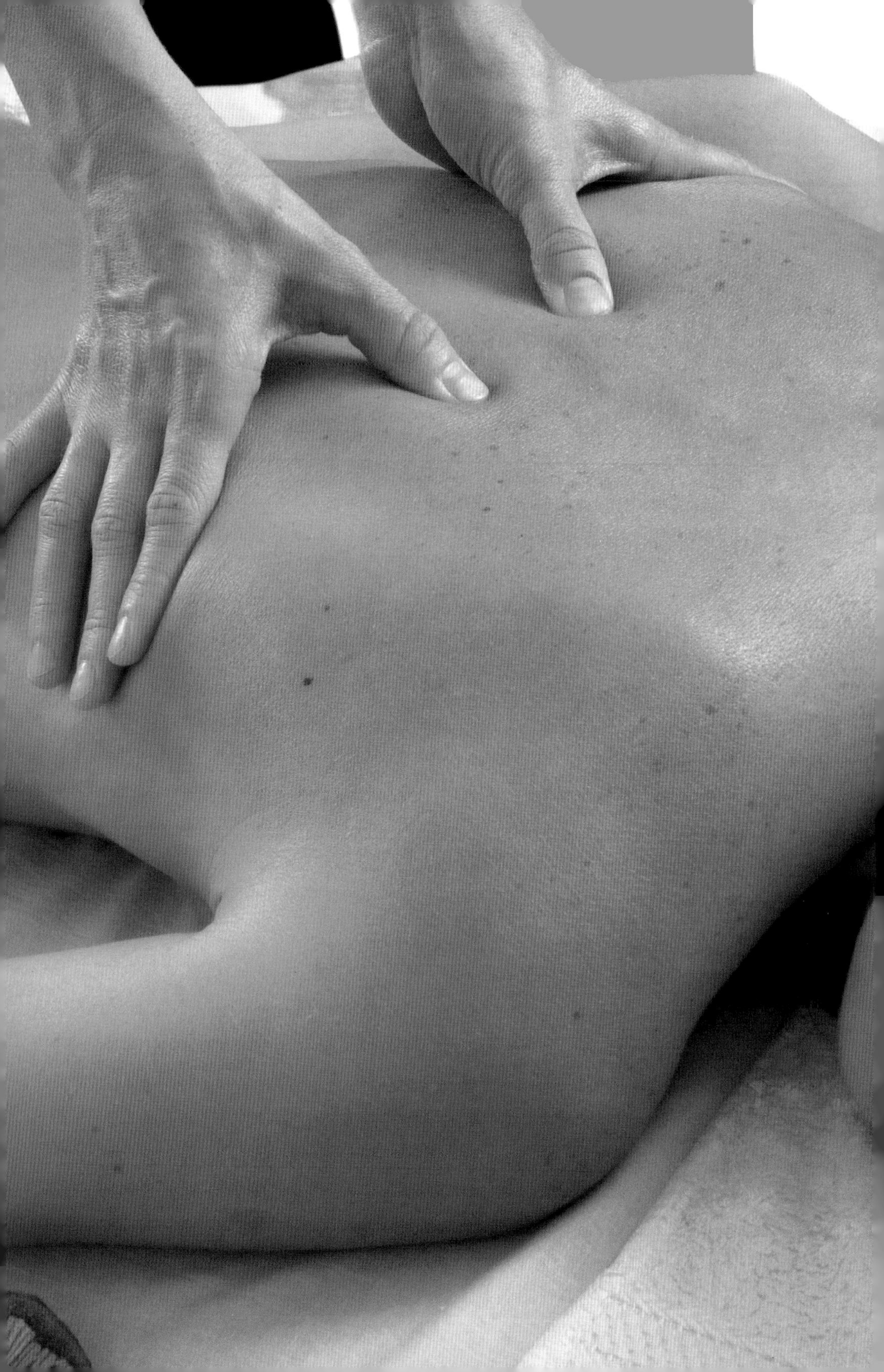

# Antidores

*Você sofre de dores crônicas nas costas ou de joelhos recalcitrantes! Este programa contribuirá para aliviar suas dores recorrentes. As intensidades cardiovasculares medidas permitem um bom domínio gestual.*

O cotidiano é agressivo para o aparelho locomotor: carregar as compras, permanecer sentado o dia todo atrás de uma escrivaninha, conservar uma posição em pé durante longas horas, ajoelhar-se para fazer pequenos consertos, inclinar-se para a frente, levantar uma caixa, etc. Os gestos cotidianos às vezes machucam, muitas vezes limitam. Quanto mais seus antecedentes traumáticos são numerosos, mais a vida cotidiana pode se tornar difícil, e até mesmo violenta. E a idade amplifica as dificuldades!

Para não mais experimentar incômodos ou sofrimentos, a primeira das soluções é diminuir as solicitações funcionais. Isso passa pela ergonomia de seu lugar de trabalho, como posicionar o teclado do computador diante de você em uma altura correta ou mudar sua cadeira. Aliviar o aparelho locomotor também depende da adoção de bons hábitos: segurar a mesma quantidade de pacotes tanto do lado direito quanto do lado esquerdo ou dobrar os joelhos para colocar as compras no porta-malas do carro, por exemplo. A alternativa a essas boas resoluções consiste em desenvolver suas aptidões. Com o corpo reforçado e mais maleável, a solicitação relativa do cotidiano se tornará menos traumatizante, e até mesmo indolor.

## Programas de Treino Cardiovascular

### Os aparelhos aconselhados
- Na academia: bicicleta e remo ergométrico.
- Em casa: bicicleta.

### Programa de saúde do aparelho locomotor

*Estas três curtas sessões temáticas estão associadas a uma baixa intensidade cardiovascular a fim de executar os gestos corretamente. Elas podem aliviar as principais dores do cotidiano.*

- 1 x sessão JOELHOS e QUADRIS
- 1 x sessão COLUNA VERTEBRAL e OMBROS
- 1 x sessão ALONGAMENTOS

### Programa para coração e aparelho locomotor

*A introdução de uma atividade cardiovascular específica contribui para um treinamento mais completo para a saúde. Alterne as sessões segundo suas prioridades e faça avançar esse programa no período de 15 dias.*

- 1 x sessão JOELHOS e QUADRIS
- 1 x sessão RESISTÊNCIA ATIVA
- 1 x sessão COLUNA VERTEBRAL e OMBROS
- 1 x sessão RESISTÊNCIA ATIVA
- 1 x sessão ALONGAMENTOS
- 1x sessão RESISTÊNCIA ATIVA

**Antidores**

## Conteúdo das sessões

**▶ Sessão JOELHOS e QUADRIS, de 30 a 45 minutos**
Para os joelhos com problemas articulares (artrose e problemas patelares), a bicicleta se impõe ao pedalar em uma cadência elevada (90 giros/minuto) contra uma baixa resistência. Cuide para adotar uma posição correta (ver página 45).
- ▶ 10 minutos de aquecimento progressivo;
- ▶ 15 a 30 minutos em intensidade de Resistência Fundamental;
- ▶ 5 minutos de retorno à calma.

– Aproveite essa sessão para alongar suas costas inclinando-se para a frente ou ficando em pé na bicicleta, ligeiramente encurvado.

**▶ Sessão COLUNA VERTEBRAL e OMBROS, 30 a 45 minutos**
Uma sessão de reforço dos músculos que se estendem ao longo da coluna vertebral para ser feita no remo ergométrico. Muito útil para aliviar as dores ligadas às posturas de trabalho.

Você pode terminar essa sessão com um alongamento no remo ergométrico.

## Programas de Treino Cardiovascular

- 10 minutos de aquecimento progressivo;
- 15 a 30 minutos em intensidade Resistência Fundamental;
- 5 minutos de retorno à calma.

- Antes de aumentar em intensidade no remo ergométrico, aqueça-se, se possível na bicicleta.
- Nos primeiros minutos, mantenha as costas bem retas. Em seguida, permita-se inclinar e terminar a sessão com um alongamento no remo ergométrico.
- Com o organismo bem quente, você também pode erguer progressivamente as mãos para cima da cabeça.

**Faça trações erguendo as mãos acima da cabeça.**

### ❱ Sessão ALONGAMENTOS, de 30 a 35 minutos

Ao alternar as posições na bicicleta, você irá alongar todas as cadeias musculares posteriores: músculos das costas, glúteos, ísquiotibiais.

- ❱ 10 minutos de aquecimento progressivo;
- ❱ 15 a 20 minutos em intensidade de Resistência Fundamental;
- ❱ 5 minutos de retorno à calma.

- Para esticar seu aparelho locomotor, depois de cinco a dez minutos de pedalagem, levante, pedale então cinco minutos curvando um pouco as costas e esticando as mãos acima da cabeça. Para terminar, incline-se para esticar os braços o máximo possível, esticando as costas e aproximando-se dos joelhos (na posição contrarrelógio), sempre durante cinco minutos.

Estique as mãos acima da cabeça.

Vá buscar o mais longe possível com os braços.

▶ **Sessão RESISTÊNCIA ATIVA, de 30 a 45 minutos**
Uma sessão unicamente cardiovascular que conduz seu organismo à intensidade-saúde por excelência.

▶ 10 minutos de aquecimento progressivo;
▶ 15 a 30 minutos em intensidade Resistência Ativa;
▶ 5 minutos de retorno à calma.
• A bicicleta é ideal para essa sessão.

## As dores na coluna, problema número 1 do bípede?

*Desde que o homem se ergueu, cerca de 3 a 6 milhões de anos atrás, a bipedia lhe ataca as costas. Em pé, o homem faz trabalhar sua coluna durante todo o dia. Cerca de 80% das pessoas sofrem ou sofrerão de problemas na coluna ao longo de sua vida; as duas patologias principais são:*

**A hérnia de disco**, doença do homem ou da mulher jovem. A substância gelatinosa contida nos discos projeta-se e acaba atingindo os ligamentos da coluna ou o nervo que passa por trás das vértebras (nervo ciático).

**O desgaste do disco**, enfermidade comparável à artrose. O disco se comprimiu, a substância gelatinosa se espalhou. A ausência de amortecimento é responsável pelas dores surdas e contínuas da manhã, mas igualmente durante posições sentadas prolongadas. A atividade física é muito favorável: os movimentos aliviam e incham o velho disco.

A bicicleta é recomendada para os problemas das costas pela posição de quadrupedia que a alivia, as mãos apoiadas no guidão, o busto estabilizado e ligeiramente inclinado. Na bicicleta, o homem reencontra a postura confortável dos grandes macacos.

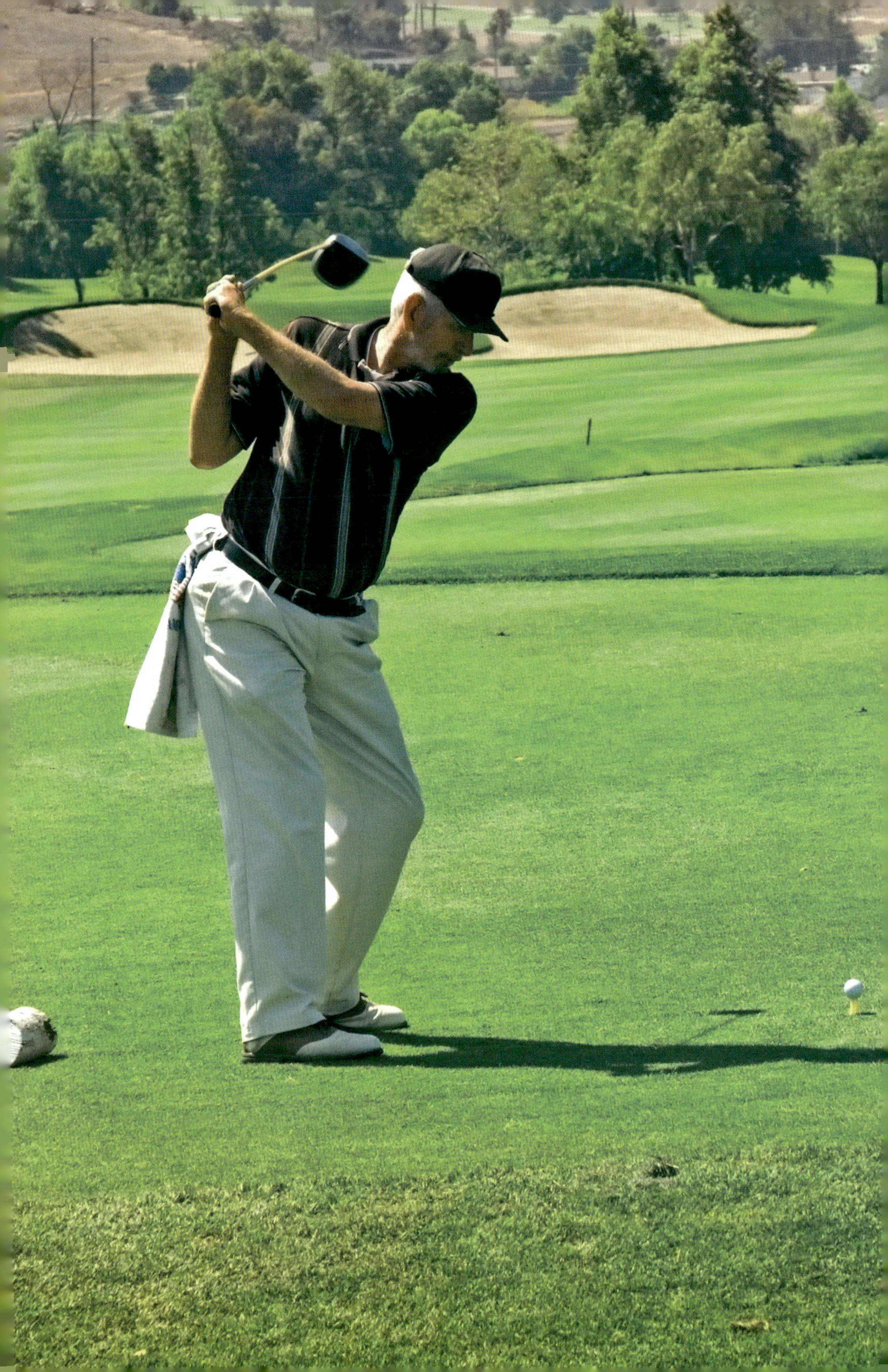

# Saúde dos Idosos

*O organismo de um idoso merece ao mesmo tempo ser mantido e cuidado. É preciso treinar o sistema cardiovascular e fazer reforço muscular sem excesso nem dificuldades.*

No inconsciente coletivo, o idoso é um aposentado. Essa definição sociológica não corresponde à abordagem médica que habitualmente coloca nessa categoria um organismo para o qual uma solicitação pode rapidamente se tornar uma agressão. Assim, um jogador de futebol de 34 anos que sofre de uma artrose no joelho é um idoso do joelho. Um homem que aos 43 anos é vítima de infarto por causa do estresse e do cigarro se torna um idoso do coração. Sendo provocador, poderíamos dizer que nos tornamos idosos aos 40 anos. Nessa idade, as patologias cardiovasculares começam a se expressar e as articulações a sofrer.

Com o peso dos anos, o coração precisa ser mantido. Já que uma sobrecarga pode provocar uma crise cardíaca, as intensidades de treino devem ser limitadas. No plano articular, as primeiras camadas de cartilagem das articulações foram eliminadas pelas atividades lúdicas do adolescente e do adulto jovem. As lesões e machucados acontecem com mais facilidade. Um trabalho locomotor e muscular que limita os traumatismos vai judiciosamente preservar o organismo do

**Programas de Treino Cardiovascular**

ultraje do tempo. As sessões de treino cardiovascular se polarizam na intensidade Resistência Ativa, recomendada para a prevenção das doenças cardiovasculares. Trabalho locomotor específico e um aquecimento prolongado caracterizam esses dois programas, muito próximos, que devem ser alternados de acordo com sua vontade.

> **Os aparelhos aconselhados**
> ▶ Na academia: bicicleta, elíptico, esteira, remo ergométrico, *stepper*.
> ▶ Em casa: bicicleta.

## Programa guiado para coração e músculos

As duas primeiras sessões associam treino cardiovascular e reforço muscular segundo o princípio da dissociação do trabalho da parte de cima e de baixo do corpo. A terceira sessão bem como os retornos à calma são reservados a uma regeneração ativa na esteira a fim de solidificar os ossos.

- 1 x sessão **BICICLETA** e **REFORÇO MUSCULAR**
- 1 x sessão **ELÍPTICO** e **REFORÇO MUSCULAR**
- 1 x sessão **RECUPERAÇÃO NA ESTEIRA**

## Programa livre para coração e músculos

Este programa, idêntico ao anterior, pode ser realizado nos aparelhos menos guiados, e exige uma melhor coordenação. A última sessão deixa seus músculos e articulações tranquilos, para uma recuperação suave na bicicleta.

- 1 x sessão **REMO ERGOMÉTRICO** e **REFORÇO MUSCULAR**
- 1 x sessão *STEPPER* e **REFORÇO MUSCULAR**
- 1 x sessão **RECUPERAÇÃO NA BICICLETA**

## Conteúdo das sessões

### Sessão BICICLETA e REFORÇO MUSCULAR, 40 minutos

Depois de um trabalho muscular das pernas e de um esforço cardiovascular adaptado, o retorno à calma na esteira oferece no plano ósseo todos os benefícios da corrida a pé.

- 15 minutos de aquecimento progressivo;
- 15 minutos em intensidade Resistência Ativa: três vezes (4 minutos em cadência elevada contra baixa resistência a aproximadamente 80 giros por minutos + 1 minutos a 50 giros/minutos contra uma resistência mais forte);
- 10 minutos de retorno por minutos à calma na esteira.

### Sessão ELÍPTICO e REFORÇO MUSCULAR, 40 minutos

Um reforço muscular da parte de cima do corpo, em uma intensidade cardiovascular moderada, associa-se a um retorno à calma na esteira, a fim de reforçar a estrutura óssea.

- 15 minutos de aquecimento progressivo;

- 15 minutos em intensidade Resistência Ativa: três vezes (4 minutos em cadência elevada + 1 minutos de reforço muscular aumentando em um ou dois níveis a resistência);
- 10 minutos de retorno à calma na esteira.

• Durante o aquecimento, integrar de uma a quatro séries de 30 segundos soltando as mãos e fechando os olhos para trabalhar o equilíbrio.

### Sessão RECUPERAÇÃO NA ESTEIRA, 30 minutos

A corrida a pé provou amplamente sua eficácia para diminuir a desmineralização óssea. Não tema as leves dores musculares do dia seguinte!

- 10 minutos de aquecimento progressivo;
- 15 minutos em intensidade Resistência Ativa;
- 5 minutos de retorno à calma.

### Sessão REMO ERGOMÉTRICO e REFORÇO MUSCULAR, 40 minutos

Uma sessão de remo ergométrico que reforça a parte de cima do corpo e as costas. Ao se aquecer, mantenha as costas bem retas. A corrida na esteira pontua esse treino a fim de solidificar seus ossos.

- 15 minutos de aquecimento progressivo;
- 15 minutos em intensidade de Resistência Ativa: três vezes (4 minutos em cadência elevada + 1 minuto de reforço muscular aumentando em um ou dois níveis a resistência);
- 10 minutos de retorno à calma na esteira.

### Sessão *STEPPER* e REFORÇO MUSCULAR, 40 minutos

O gestual do *stepper*, por reproduzir as subidas de escada, facilita esse exercício da vida cotidiana. Os dez minutos de trote na esteira permitem retomar a corrida a pé para a manutenção de sua estrutura óssea.

- 15 minutos de aquecimento progressivo;
- 15 minutos em intensidade de Resistência Ativa: três vezes (4 minutos com uma pequena amplitude, como se você subisse um degrau com uma amplitude maior, de dois em dois);
- 10 minutos de retorno à calma na esteira.

• Durante o aquecimento, integrar de uma a quatro séries de 30 segundos soltando as mãos e fechando os olhos para trabalhar o equilíbrio.

▶ **Sessão RECUPERAÇÃO NA BICICLETA, 30 minutos**
Para esta sessão de recuperação semanal, a pedalagem deve ser leve e fácil (contra baixa resistência), a fim de lubrificar suas articulações e regenerar seu organismo.

- ▶ 10 minutos de aquecimento progressivo;
- ▶ 15 minutos em intensidade de Resistência Ativa;
- ▶ 5 minutos de retorno à calma.

## A osteoporose contra a artrose

*O problema de um idoso é que ele pode apresentar ao mesmo tempo a osteoporose e a artrose.*

A osteoporose é a redução da densidade óssea. O cálcio está menos presente no osso e a arquitetura óssea é alterada. Um idoso precisa forçar seus ossos para lutar contra essa rarefação do tecido ósseo. Em contrapartida, o corpo paralisado pela artrose aprecia menos os impactos. A artrose é o desgaste da cartilagem, essa substância lisa e madrepérola que recobre os ossos no nível das articulações. A cartilagem não cicatriza.
A atividade esportiva pode ajudar a lutar contra esses dois males. Os pulinhos da corrida a pé são adaptados à luta contra a osteoporose. Os microtraumatismos gerados pela recepção do peso do corpo sobre uma perna criam fraturas microscópicas. O osso se reconstitui mais forte graças ao repouso e a uma alimentação equilibrada. Todos os estudos científicos mostram que a corrida é mais benéfica do que a caminhada contra a osteoporose. Ela "quebra o osso" para melhor reconstituí-lo.
Contra a artrose, um idoso deverá polir sua superfície artrósica. A bicicleta contra baixa resistência é um precioso remédio. Ela mantém a textura da cartilagem, principalmente no nível dos quadris. No selim, o quadril permanece estável e as pernas não suportam o peso do corpo. Os quadris não são comprimidos, sua cartilagem não é achatada. Ao contrário, ao girar as pernas em uma velocidade elevada contra baixa resistência, a superfície articular é polida e se torna mais lisa. Além do mais, a cartilagem não é vascularizada. As variações de pressão, produzidas pelo movimento, contribuem para a nutrição da cartilagem sugando os alimentos vindos dos vasos sanguíneos do osso subjacente.

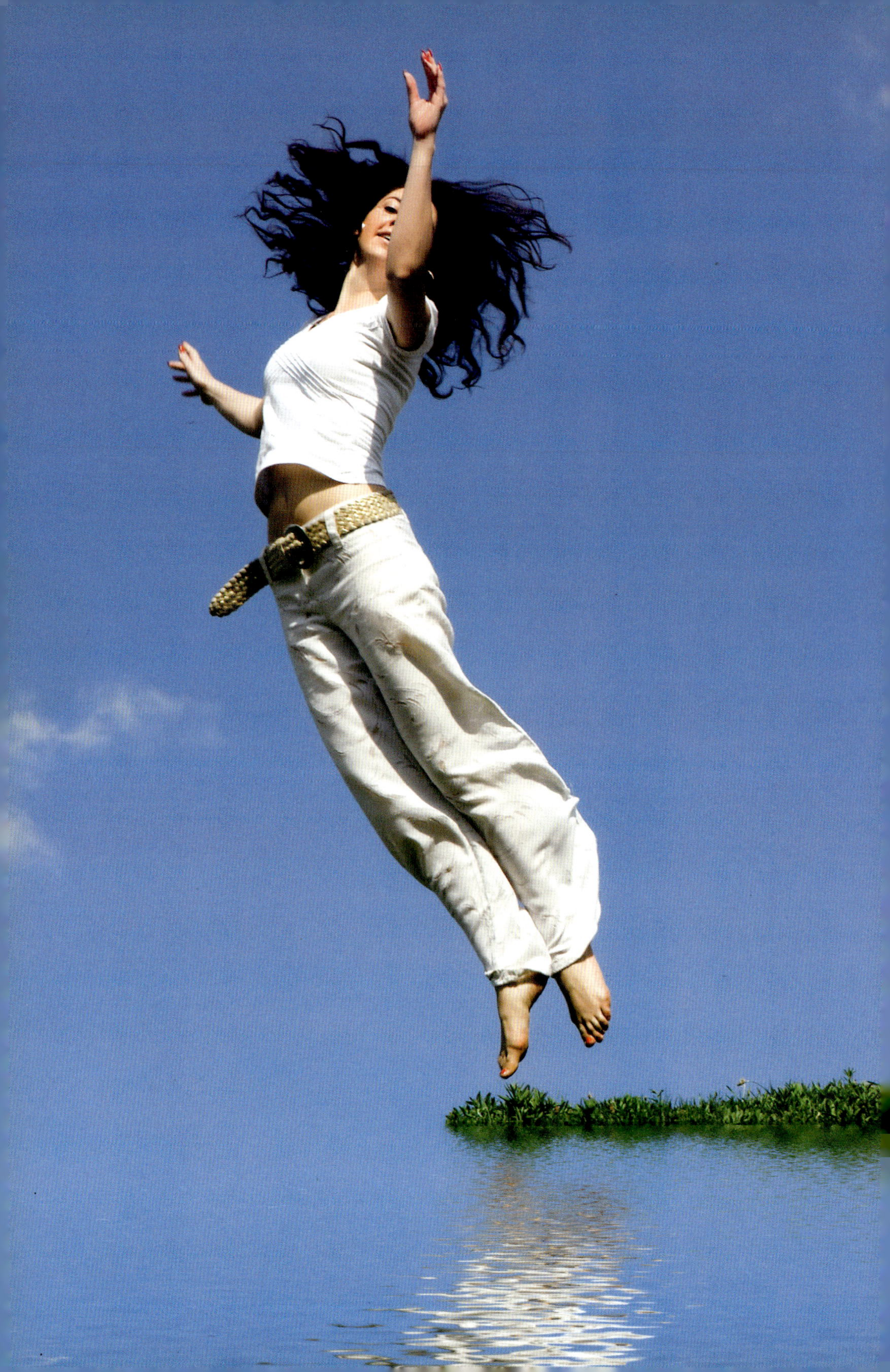

# Boa Forma

*Esse traço de união entre o programa de saúde e os programas esportivos mais exigentes o treina progressivamente para as intensidades-chave da aeróbia. Uma boa etapa de adaptação para os esportistas irregulares que desejam se reaproximar de sua modalidade favorita.*

Uma atividade esportiva que dura mais de 20 minutos possui necessariamente um forte componente aeróbio. Seus músculos em ação renovam sua exigência em oxigênio. Eles podem se defrontar com um sistema cardiovascular mal ou pouco treinado. Como já vimos, ao se satisfazer com uma atividade esportiva dominical, você perde durante a semana os benefícios de seu treino anterior. Os dias seguintes às atividades esportivas são muitas vezes difíceis. Seus músculos parecem permanentemente superaquecidos. Seu fôlego é curto.

Além da regularidade a ser adotada, para progredir é necessário trabalhar os dois fatores que limitam o desempenho: o limite e a $VO_2$ máxima. Esses dois fatores fundamentais do treino cardiovascular melhoram os desempenhos do esportista, mas também sua recuperação depois do esforço. O trabalho no limite aumenta o tempo de manutenção e a tolerância a essa intensidade de transição. Ele adia o aparecimento do ácido lático. O desenvolvimento da $VO_2$ máx aumenta o nível de intensidade que pode ser mantido e facilita a recuperação.

Essas são duas boas razões para usar sua roupa de esporte com mais regularidade. Ao final de nove semanas, você pode abordar facilmente os programas específicos de sua modalidade favorita ou o programa multiesportes.

## Os aparelhos aconselhados

- Na academia: elíptico, bicicleta, remo ergométrico, *stepper*, esteira.
- Em casa: elíptico.

## Programa de progressividade

*A cada novo ciclo fisiológico de adaptação de três semanas, uma nova intensidade é integrada: o limite, a resistência fundamental e depois a $VO_2$ máx. Durante cada um desses ciclos, as sessões permanecem idênticas.*

- Primeiro ciclo, LIMITE
- Segundo ciclo, SESSÕES LONGAS
- Terceiro ciclo, $VO_2$ MÁX

## Conteúdo dos ciclos

### Ciclo limite

Ao longo dessas três primeiras semanas, você vai aprender a intensificar seus esforços. Essas três sessões semanais são idênticas durante toda a duração do ciclo.

- **1 x sessão em intensidade RESISTÊNCIA ATIVA, de 30 a 45 minutos**
- 10 minutos de aquecimento progressivo;
- 15 a 30 minutos em intensidade de Resistência Ativa;
- 5 minutos de retorno à calma.

  • Todos os aparelhos de treino cardiovascular se prestam facilmente ao trabalho nessa intensidade.

- **1 x sessão em intensidade LIMITE, de 30 a 40 minutos**
- 10 a 15 minutos de aquecimento progressivo;
- 15 a 30 minutos em intensidade Limite;
- 5 minutos de retorno à calma.

  • O elíptico o conduzirá com facilidade a essa intensidade, sem gerar desconfortos musculares ou articulares.

- **1 x sessão em intensidade RESISTÊNCIA ATIVA, de 30 a 45 minutos**
- 10 minutos de aquecimento progressivo;
- 15 a 30 minutos em intensidade de Resistência Ativa;
- 5 minutos de retorno à calma.

  • Se você utiliza um aparelho que solicita mais os membros superiores (elíptico, remo ergométrico) para sua sessão de início de semana, opte pela bicicleta, o *stepper* ou a esteira, que mobilizam mais os membros inferiores, para a segunda sessão, e vice-versa.

## Ciclo sessão longa

Agora seu organismo vai se habituar a intensificar e também prolongar seu esforço ao longo da mesma semana. Estas três sessões devem ser renovadas a cada semana.

- **1 x sessão em intensidade RESISTÊNCIA ATIVA, de 30 a 45 minutos**
- 10 minutos de aquecimento progressivo;
- 15 a 30 minutos em Resistência Ativa;
- 5 minutos de retorno à calma.

  - Mude de aparelho a cada sessão, para se beneficiar de todos as vantagens de um treino diversificado.

- **1 x sessão em INTENSIDADE LIMITE, de 30 a 40 minutos**
- 10 a 15 minutos de aquecimento progressivo;
- 15 a 20 minutos em intensidade Limite;
- 5 minutos de retorno à calma.

  - O elíptico é o aparelho que sempre deve ser privilegiado para um treino no limite.

- **1 x sessão em intensidade RESISTÊNCIA FUNDAMENTAL, de 45 a 60 minutos**
- 10 minutos de aquecimento progressivo;
- 30 a 45 minutos em Resistência Fundamental;
- 5 minutos de retorno à calma.

  - Pela ausência de malefício que a bicicleta provoca e pelo conforto de sua posição sentada, ela é indicada para essa sessão, que pode ser prolongada.

## Ciclo VO$_2$ máx

Agora você já pode elevar seu coração até sua intensidade cardíaca máxima (VO$_2$ máx) por meio de sessões intervaladas. Como anteriormente, essas três sessões devem ser renovadas durante três semanas.

- **1 x sessão VO$_2$ máx, de 30 a 35 minutos**
- 10 a 15 minutos de aquecimento progressivo;
- 15 minutos de intervalado: 15 vezes (30 segundos rápido + 30 segundos lento);
- 5 minutos de retorno à calma.

  - Se possível, evite o remo ergométrico e a esteira para evoluir nessa intensidade. Mas você ainda tem o elíptico, o *stepper* e a bicicleta.

◗ **1 x sessão em intensidade RESISTÊNCIA ATIVA, de 30 a 45 minutos**
◗ 10 minutos de aquecimento progressivo;
◗ 15 a 30 minutos em intensidade de Resistência Ativa;
◗ 5 minutos de retorno à calma.
• Não hesite em utilizar seu aparelho predileto.

◗ **1 x sessão em intensidade RESISTÊNCIA FUNDAMENTAL, de 30 a 60 minutos**
◗ 10 minutos de aquecimento progressivo;
◗ 15 a 45 minutos em Resistência Fundamental;
◗ 5 minutos de retorno à calma.
• Escolha a bicicleta pela ausência dos malefícios articulares que ela oferece.

## Você é treinável?

*O treinamento melhora as capacidades naturais... com mais ou menos sucesso.*

Algumas pessoas são mais sensíveis ao estímulo do treinamento do que outras. Seu organismo reage muito bem às solicitações. Treinadores e médicos do esporte não hesitam em qualificá-las de "treináveis"! Essa noção de "capacidade de treinamento" deve ser levada em consideração, principalmente nos esportes coletivos em que o treinamento de grupo não produz os mesmos efeitos sobre cada um. Seu companheiro de vestiário talvez progrida mais rapidamente do que você ao participar das mesmas sessões. Aqui também a natureza é desigual.

Enfim, é preciso saber que quanto menos você tiver treinado, melhor será sua progressão no treinamento. Você constatará isso rapidamente seguindo esses programas. Um sedentário que anda ativamente verá sua $VO_2$ máx aumentar. Um esportista médio desenvolverá sua $VO_2$ treinando no seu limite, ao passo que um esportista de alto nível deverá fazer sessões específicas intensivas e prolongadas para progressões mais ínfimas.

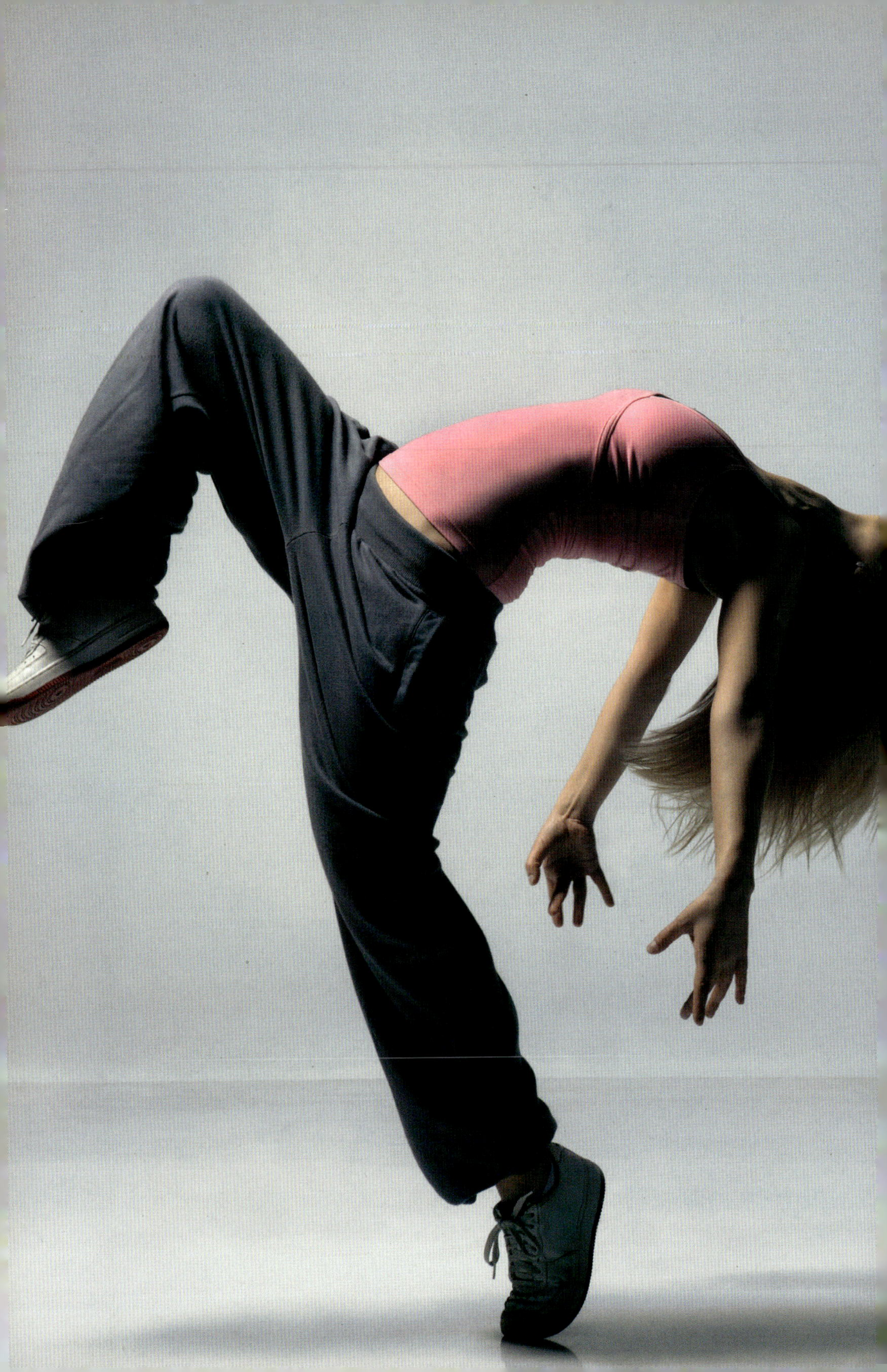

# *Fitness* e Dança

*Você perde regularmente a hora de sua aula de ginástica ou de dança? Às vezes você se espanta quando experimenta algumas dificuldades em seguir o ritmo. Então se conceda sessões de substituição, treine sua resistência e cuide de sua recuperação!*

Os cursos coreográficos das academias de esporte (*body* caratê, *step*, *fitness*...) são muitas vezes de intensidades elevadas e irregulares. O mesmo fenômeno se encontra na dança, quer ela seja jazz moderno ou salsa. Para a maioria desses cursos tônicos, à imagem do burguês fidalgo de Molière falando prosa sem sabê-lo, você utiliza um método de treino conhecido e talvez ignore isto: o *fartlek*. Ao diminuir naturalmente a intensidade do esforço assim que sua falta de fôlego aumenta, você evolui em *fartlek*. Esse princípio de treinamento nascido na Suécia nos anos 1960 é o precursor do treino intervalado.

Você deseja ultrapassar um patamar? O ideal é treinar no limite e passar a um treino intervalado em $VO_2$ máx. Você poderá manter por mais tempo intensidades elevadas e se recuperar mais rapidamente entre os exercícios. O outro fator que não deve ser negligenciado é a recuperação. Esses cursos intensivos, praticados após um dia de trabalho, depois de ter pego as crianças na escola, mexem amplamente com o seu organismo. Sessões fundamentais de regeneração eventualmente acrescidas de um pouco de reforço muscular serão saudáveis. Não se esqueça disso!

# Programas de Treino Cardiovascular

> **Os aparelhos aconselhados**
> ◗ Na academia: elíptico, *stepper*, remo ergométrico, bicicleta.
> ◗ Em casa: bicicleta.

## Programa de *fitcardio*, primeira semana

*Um programa complementar aos seus cursos coletivos. Para fazer sem interrupção: se você só puder fazer duas sessões na semana, faça a terceira na semana seguinte, etc.*

◗ 1 x sessão LIMITE
◗ 1 x sessão REFORÇO MUSCULAR dos membros superiores
◗ 1 x sessão recuperação

## Programa de *fitcardio*, segunda semana

◗ 1 x sessão $VO_2$ MÁX
◗ 1 x sessão REFORÇO MUSCULAR dos membros inferiores
◗ 1 x sessão RECUPERAÇÃO

## Programa de *fitmusculação*

*Muito mais focado no reforço muscular do que o anterior, este programa segue o mesmo princípio de encadear uma sessão na outra e em função de suas disponibilidades.*

◗ 1 x sessão REFORÇO MUSCULAR dos membros superiores
◗ 1 x sessão REFORÇO MUSCULAR dos membros inferiores
◗ 1 x sessão de RECUPERAÇÃO

## Programa de substituição

*A sessão de substituição do curso ao qual você faltou lhe evitará certa frustração... e a perda do ritmo!*

▶ 1 x sessão ESPECÍFICA

## Programa de Recuperação

*Se você faz apenas uma sessão por semana além de suas aulas coletivas, é esta que você deve escolher.*

▶ 1 x sessão de RECUPERAÇÃO
▶ Sessão LIMITE, de 30 a 40 minutos
Um treino cardiovascular dos mais eficazes que lhe dará uma agradável sensação de esforço.

## Conteúdo das sessões

▶ 10 a 15 minutos de aquecimento progressivo;
▶ 15 a 20 minutos em intensidade Limite;
▶ 5 minutos de retorno à calma.

O elíptico o conduz suavemente a essa intensidade, sem engendrar dores musculares locais.

▶ Sessão $VO_2$ MÁX, de 30 a 35 minutos
Esse trabalho intervalado e curto fará progredir sua capacidade para renovar os esforços intensos de suas aulas.

▶ 10 a 15 minutos de aquecimento progressivo;
▶ 15 minutos de intervalado: 15 vezes (30 segundos rápido + 30 segundos lento);
▶ 5 minutos de retorno à calma.

• Mais uma vez, o elíptico o conduzirá facilmente a essa intensidade ao dividir seus esforços nos braços e nas pernas.

▶ Sessão RECUPERAÇÃO, de 30 a 40 minutos
Esta indispensável sessão de regeneração deve deixá-lo um tanto insatisfeito. Você adoraria fazer mais! Melhor assim, é um dos indicadores de sua eficácia.

▶ 10 minutos de aquecimento progressivo;
▶ 15 a 25 minutos em intensidade de Resistência Fundamental;
▶ 5 minutos de retorno à calma.

• Deve ser realizada de preferência na bicicleta, pela ausência de desconfortos que ela oferece.

▶ Sessão ESPECÍFICA, de 30 a 35 minutos
Uma boa sessão de substituição que reproduz as fortes variações de ritmo características das aulas coletivas.

- 10 a 15 minutos de aquecimento progressivo;
- 15 minutos: cinco vezes (1 minuto em intensidade Dinamização do Limite + ▶ 2 minutos de recuperação ativa);
- 5 minutos de retorno à calma.

• O *stepper* é muito bom para esse exercício.
• O minuto de intensidade deve conduzi-lo a um esgotamento nítido e crescente.
• A recuperação ativa corresponde à continuação da atividade em baixa intensidade (Resistência Fundamental).
• Se você já domina o aparelho, faça *stepper* sem se segurar, assim melhorará seu equilíbrio e sua tonicidade.

▶ **Sessão REFORÇO MUSCULAR dos membros superiores, de 30 minutos**

Ao trabalho cardiovascular, você acrescenta um reforço muscular da parte superior do corpo.

- 10 minutos de aquecimento progressivo;
- 15 minutos: três vezes (4 minutos contra forte resistência + 1 minuto de recuperação ativa);
- 5 minutos de retorno à calma.

• Uma sessão a ser feita no elíptico ou no remo ergométrico.
• A recuperação ativa corresponde à continuação da atividade em baixa intensidade (Resistência Fundamental).
• Para trabalhar bem os braços e as cadeias abdominais diagonais no elíptico, não use muito as pernas.

▶ **Sessão REFORÇO MUSCULAR dos membros inferiores, de 30 minutos**

Desta vez, são os membros inferiores que são mobilizados.

- 10 minutos de aquecimento progressivo;
- 15 minutos: três vezes (4 minutos contra forte resistência + 1 minuto de recuperação ativa);
- 5 minutos de retorno à calma.

• Uma sessão que deve ser feita de preferência no *stepper* ou até mesmo na bicicleta contra uma forte resistência.
• A recuperação ativa corresponde à continuação da atividade em baixa intensidade (Resistência Fundamental).
• Introduza sessões feitas no *cardiowave* se sua academia estiver equipada para treinar os deslocamentos laterais.

## Os lastros, sem novidades!

*Os lastros de punho ou de tornozelo podem ser usados nas sessões de ginástica tônica ou de musculação leve. Usá-los durante suas sessões de treino cardiovascular produz o efeito inverso ou contrário ao gestual.*

Na **bicicleta**, o exercício essencial do movimento de pedalagem é empurrar para baixo. Os lastros nos tornozelos vão ajudar essa pressão estimulando o apoio. Em vez de fazê-lo forçar, o peso será o motor. A resistência suplementar do pedal na subida não compensará a ajuda na descida e ainda pode alterar seu gestual quando você subir em uma bicicleta "de verdade".
O fenômeno é idêntico no *stepper*. Lastros nos tornozelos vão ajudar no momento de empurrar, o peso agindo no eixo da pressão.
Na **esteira**, o esforço é propulsivo. Para correr mais rápido, você deve impulsionar mais forte. O peso suplementar do lastro vai intervir na fase de subida de joelho. É isso que diminui e perturba seu gesto. Você não aprende a ir mais rápido, ao contrário. Além do mais, esse sobrepeso vai atrapalhar o trabalho de coordenação do tornozelo.
Com o **remo ergométrico**, lastros nos pulsos ocasionam um esforço estático dos deltoides. Um lastro traz uma resistência vertical (o peso puxa para baixo) que não corresponde àquela, horizontal, da tração. Seu músculo vai se contrair em permanência, isso pode engendrar dores musculares.
No **elíptico**, os lastros nos punhos produzirão o mesmo efeito que no remo ergométrico, a resistência dos lastros se opõe ao movimento de tração e de pressão horizontal. Nos tornozelos, eles agiriam da mesma forma que na bicicleta e no *stepper*, ajudando na fase de empurrar.
Para um reforço muscular judicioso, é preferível aumentar em um ou vários níveis a resistência dos aparelhos de treino cardiovascular ou introduzir sessões de musculação específicas em seu programa. Dê uma olhada no programa Musculação de Resistência em aparelho de treino cardiovascular desta obra.

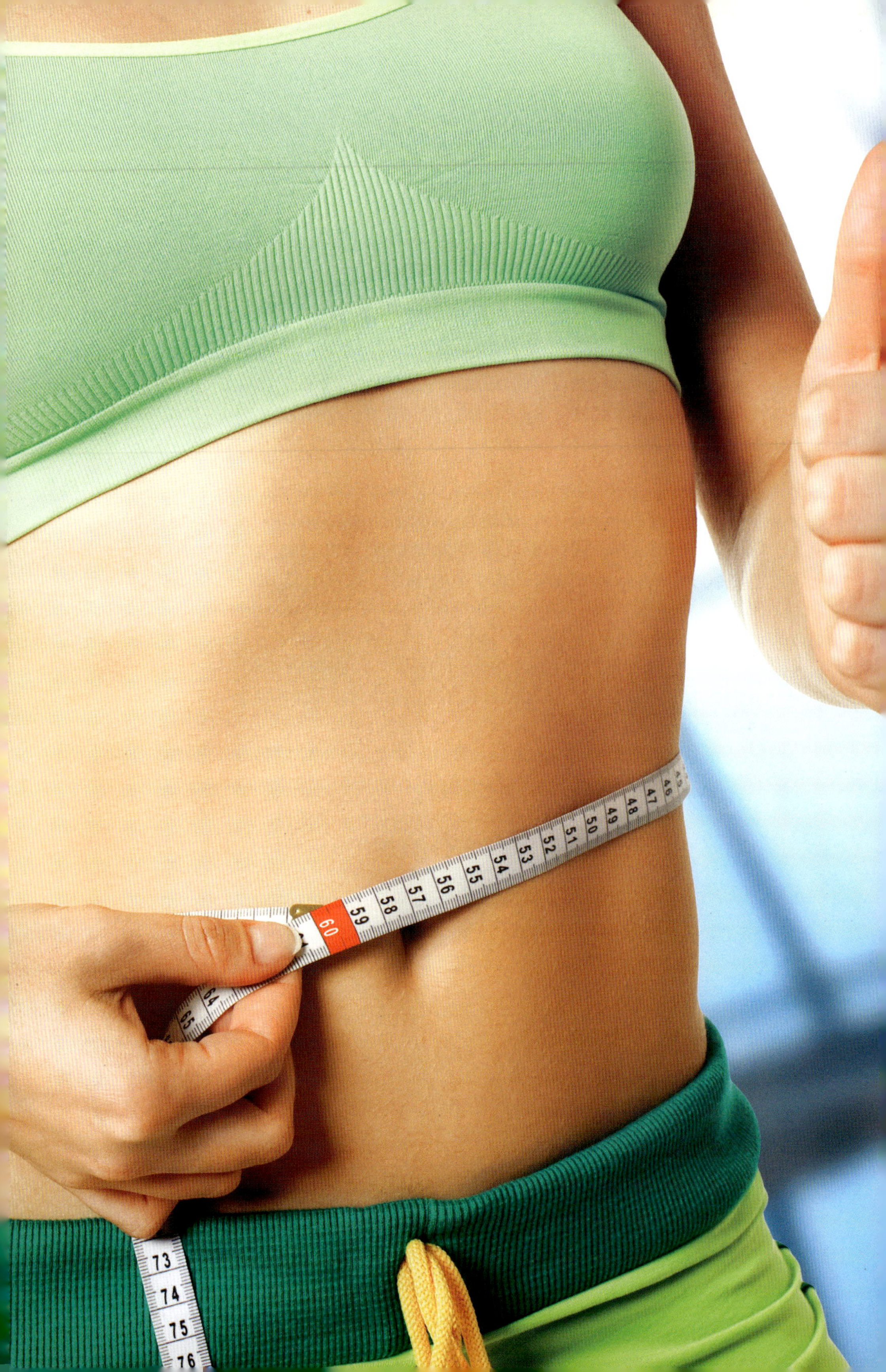
46
47
48
49
50
51
52
53
54
55
56
57
58
59
60
64
65
73
74
75
76

# Magreza e Silhueta

*Seguindo estes dois programas e mantendo uma alimentação equilibrada, você pode se livrar de três a sete quilos em um ano! Além da perda de peso, você vai obter todos os benefícios destes exercícios para sua forma e para suas atividades cotidianas.*

O recurso ao esporte nos regimes emagrecedores encontra opositores. Estes evocam o baixo gasto de energia ao longo de uma atividade física. E isso não é falso! Correndo uma hora na esteira a dez quilômetros por hora, você gasta por volta de 500 calorias, ou seja, o equivalente a um apetitoso quindim. Com três treinos por semana de 30 minutos, você vai queimar por volta de 750 calorias suplementares. Em um mês, terá perdido 3 mil quilocalorias... ou seja, 500 gramas de tecido adiposo. Isso pode lhe parecer pouco em relação ao investimento exigido! Não se deprima, saiba que o gasto energético não se produz unicamente durante a atividade, mas igualmente durante o repouso. Depois do esforço, o organismo queima energia para se resfriar, reparar e manter os músculos solicitados. Esse gasto de energia será ainda mais elevado quanto mais o esforço for intenso. Tradicionalmente, as intensidades elevadas não são programadas para a perda de peso. Como os lipídeos (gorduras) queimam nos esforços de baixa intensidade, o médico do esporte propõe frequentemente atividades esportivas pouco intensivas para afinar. A vantagem é que se pode prolongar tranquilamente o esforço com toda segurança. Se sua saúde o permite, será uma pena não completar as sessões em baixas intensidades com treinos intervalados em intensidade elevada. Esses estímulos vão

**Programas de Treino Cardiovascular**

ajudar muito seu organismo a se servir dos estoques de gordura para se recuperar melhor e manter a massa muscular adquirida.

## Os aparelhos aconselhados
- Na academia: elíptico, remo ergométrico, *stepper*, bicicleta, esteira.
- Em casa: elíptico.

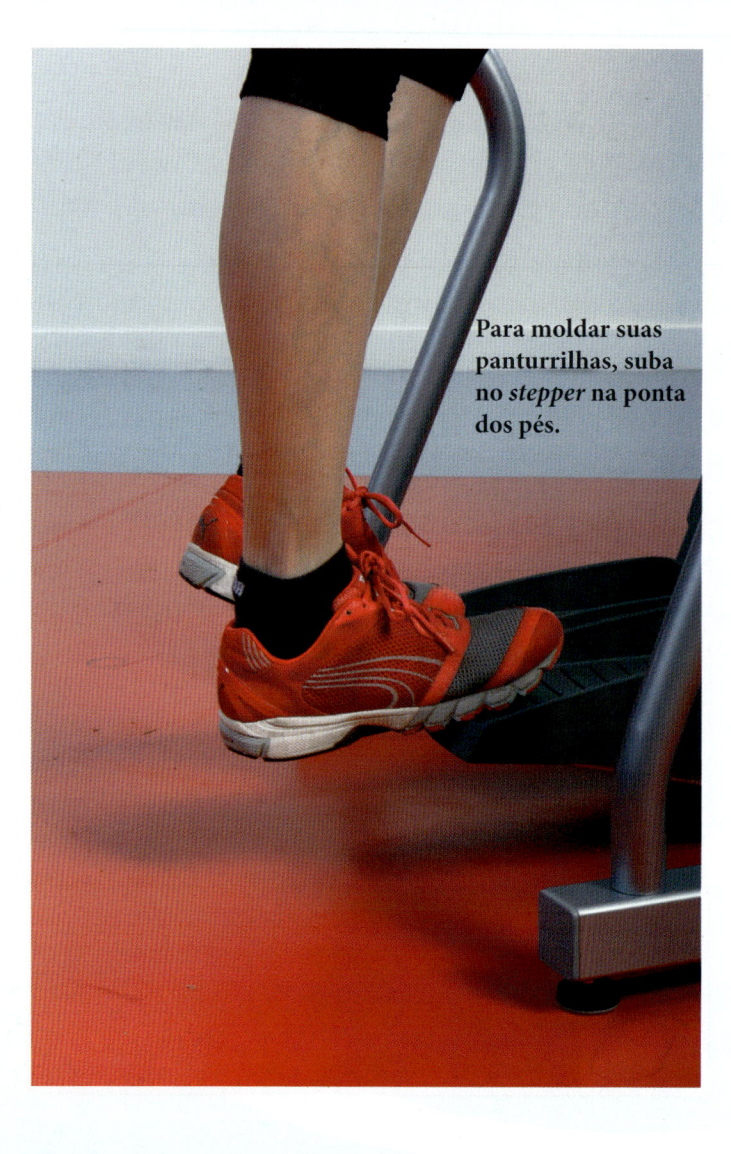

Para moldar suas panturrilhas, suba no *stepper* na ponta dos pés.

## Programa de boa forma e magreza

*Programa prioritário que deve ser seguido para emagrecer. Alternando estas três sessões específicas de esforços moderados longos e intensivos, seu organismo vai consumir seus estoques de lipídio.*

- 1 x sessão RESISTÊNCIA em jejum
- 1 x sessão RESISTÊNCIA LONGA
- 1 x sessão INTERVALADA em intensidade $VO_2$ máx

## Programa mais leve

*Você não conseguiu um horário para a sessão longa, em sua agenda sobrecarregada. Não se preocupe, substitua-a por outra sessão de resistência ativa. Assim você continua com três sessões na semana e conserva todos os benefícios dessa regularidade!*

- 2 x sessões de RESISTÊNCIA em jejum
- 1 x sessão INTERVALADA em intensidade $VO_2$ máx

## Programa de forma e silhueta

*Este programa emagrecedor é uma sessão de reforço muscular completa. Os grupos musculares mobilizados o ajudam no consumo das gorduras (lipídios). Os benefícios estéticos e esportivos se adicionam ao emagrecimento.*

- 1 x sessões de RESISTÊNCIA em jejum
- 1 x sessão RESISTÊNCIA longa
- 1 x sessão REFORÇO muscular

## Conteúdo das sessões

- **Sessão RESISTÊNCIA em jejum, de 30 a 35 minutos**

Uma sessão que deve ser realizada em jejum, se possível. De manhã, com a barriga vazia, você está em um ambiente metabólico e hormonal que permite queimar a mesma proporção de gordura que se você tivesse praticado esporte durante duas horas.

- 10 minutos de aquecimento progressivo;

## Programas de Treino Cardiovascular

- 15 a 20 minutos em intensidade de Resistência Ativa;
- 5 minutos de retorno à calma.

• Todos os aparelhos de treino cardiovascular são bons para esse exercício. Você pode até mesmo utilizar o *stepper*, mais reforçado. Em jejum, é possível forçar as coxas, você dispõe ainda de uma reserva suficiente de açúcar nos músculos!

• Antes da sessão, você pode tomar um café, um chá ou eventualmente um pouco de suco de frutas.

### Sessão RESISTÊNCIA longa, 90 minutos

Ainda que seja mais complicado encontrar um horário em sua agenda para essa sessão longa, ela é muito eficaz. Ao prolongar o esforço, a combustão das gorduras se opera melhor.

- 10 minutos de aquecimento progressivo;
- 75 minutos em intensidade Resistência fundamental;
- 5 minutos de retorno à calma.

• Para esculpir sua silhueta, aproveite a diversidade dos aparelhos da academia trocando de máquina ao longo da mesma sessão.

• O elíptico e o remo ergométrico têm a prioridade. Ao solicitar mais grupos musculares, eles vão permitir maior gasto de energia. Além do mais, eles vão provocar reconstruções musculares mais importantes e continuar mobilizando seu organismo no repouso.

• Mais reforçado e modelador para as pernas, o *stepper* (e mesmo o *cardiowave*, que dá músculos laterais às nádegas) pode fazer parte por 15 minutos nessa sessão. Em contrapartida, o aparelho é muito difícil para ser usado durante 90 minutos.

• A esteira também tem seu lugar: ao solicitar intensamente os quadríceps, ela provoca maior gasto energético durante a recuperação.

### Sessão INTERVALADA em intensidade $VO_2$ máx, de 30 a 35 minutos

Torcemos o nariz à necessidade de efetuar unicamente sessões longas e pouco intensivas para queimar as gorduras. Ao subir em intensidade, seu organismo vai gastar muita energia para se reconstruir durante o repouso.

- 10 a 15 minutos de aquecimento progressivo;
- 15 minutos intervalados: 15 vezes (30 segundos rápido + 30 segundos lento);
- 5 minutos de retorno à calma.

• Para esculpir suas panturrilhas, utilize o *stepper*, coloque-se na beirada dos degraus e suba na ponta dos pés.

▶ **Sessão REFORÇO MUSCULAR, 30 minutos**
Ao reforçar a parte superior ou inferior do corpo, de acordo com o aparelho escolhido, esta sessão se parece com a da musculação de resistência. Ela se mostra útil para o esporte, para abordar os desconfortos da vida cotidiana e esculpir seu corpo.

▶ 10 minutos de aquecimento progressivo;
▶ 15 minutos: três vezes (4 minutos forçando contra forte resistência + 1 minuto de recuperação ativa);
▶ 5 minutos de retorno à calma.

• Deve-se alternar o elíptico e o *stepper*, a fim de reforçar respectivamente os membros superiores e os membros inferiores.
• A recuperação ativa corresponde à continuação da atividade em baixa intensidade (Resistência Fundamental).

## A indispensável gordura

*A caça aos quilos supérfluos é uma atividade muito praticada, mas cuidado com os desvios. Não perca seus atributos essenciais!*

**As mulheres** sedentárias em boa saúde dispõem de aproximadamente 25% de taxa de massa de gordura. Essa taxa cai para 20% nas esportistas assíduas e é ainda menor nas esportistas de elite. Saiba que abaixo de 16% de gorduras, as mulheres veem sistematicamente sua menstruação desaparecer. Isso foi observado em esportistas de alto nível que ultrapassavam esse limite. Ver sua menstruação desaparecer é muito perigoso para a saúde. Isso caracteriza a parada da função ovariana equivalente a uma menopausa, com seu lote de consequências nefastas: a sobrevinda da osteoporose e das doenças cardiovasculares.

**Os homens** sedentários em boa saúde apresentam taxa de massa de gordura compreendida entre 15 e 20%, entre 10 e 15% nos esportistas assíduos (mais próximo de 10% para os esportes de longas distâncias). Os esportistas de alto nível oscilam entre 5%, para os mais treinados dos maratonistas, e 10%, a taxa média constatada nos jogadores de futebol da equipe da França, campeã do mundo em 1998. Os ciclistas do Tour de France mostram taxas da ordem de 7% depois de 3 mil quilômetros de corrida em três semanas.

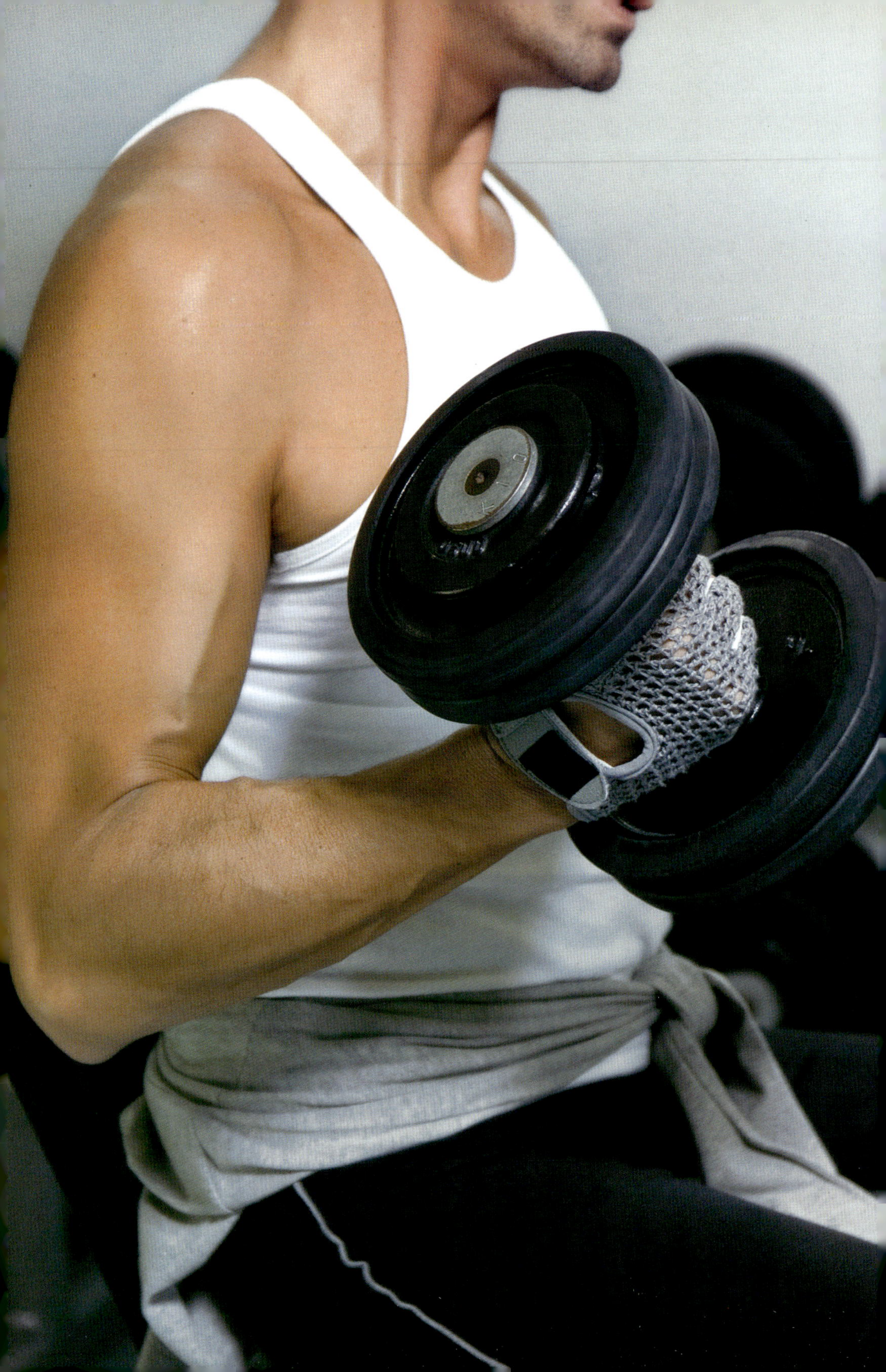

# Musculação

*Você puxa ferro? Perfeito para seus músculos e sua aparência. Em contrapartida, seu coração e seus vasos se encontram um pouco malconduzidos pela multiplicação das fortes contrações musculares. O treino cardiovascular surge como remédio ideal, fácil de incluir antes, durante ou depois de suas sessões.*

Todas as atividades com contração muscular intensa e com respiração lenta ou bloqueada como a musculação e o halterofilismo podem estar na origem da hipertensão arterial. Esses esportes são ditos estáticos. Ao empurrar cargas pesadas, os músculos se contraem tanto que comprimem os vasos que os atravessam. Em consequência, para vascularizar os músculos, o coração deve bombear mais vigorosamente. Além do mais, os movimentos de musculação estão muitas vezes associados a um bloqueio respiratório. E isso é ruim para o sistema cardiovascular! Os médicos falam de pós-carga, de uma resistência para a evacuação do sangue. É preciso, portanto, fazer o inverso e ensinar ao corpo a abertura dos vasos, a vasodilatação e a respiração livre, a base do treino cardiovascular. Com a prática intensiva da musculação, a tensão e a frequência cardíaca em repouso sobem. O treino cardiovascular vai fazer descer esses valores aos níveis mais aceitáveis para a saúde.

### Os aparelhos aconselhados

- Na academia: remo ergométrico, elíptico, bicicleta, *stepper*.
- Em casa: bicicleta.

## Programas de Treino Cardiovascular

### Programa de saúde

*Além de seu programa de musculação, você vai trabalhar os músculos do seu coração. Estas duas sessões devem ser encadeadas durante a mesma semana ou alternadas em uma semana a cada duas, se sua agenda é muito apertada.*

- 1 x sessão REGENERAÇÃO
- 1 x sessão CORAÇÃO e MÚSCULOS

### Programa de aquecimento

*A falsidade do aquecimento tranquilo em uma bicicleta é agora conhecida. Para se preparar bem é preciso aproximar seu coração e seus músculos das intensidades musculares e cardiovasculares da sessão de musculação a ser seguida. É uma boa maneira de integrar o treino cardiovascular antes de cada treino.*

- 1 x sessão AQUECIMENTO em um aparelho único
- 1 x sessão AQUECIMENTO de braços e pernas

### Programa de recuperação entre as séries

*Entre as séries de musculação pesada, os longos minutos de recuperação são a ocasião para oxigenar o organismo. Aproveite isso!*

- 1 x sessão MEMBROS SUPERIORES
- 1 x sessão MEMBROS INFERIORES

## Programa de recuperação no final da sessão

*Uma sessão que deve ser feita logo após a musculação. O objetivo é eliminar o ácido lático produzido localmente pelos músculos. Para adquirir músculos, é preciso "quebrar" fibras musculares, e não se entupir de ácido lático. No plano da saúde, essa recuperação vai permitir melhor abertura dos vasos e baixa da frequência cardíaca, dois parâmetros essenciais da luta contra a hipertensão arterial. Deve ser feita pelo menos uma vez por semana.*

▶ 1 x sessão REGENERAÇÃO

## Conteúdo das sessões

▶ **Sessão REGENERAÇÃO, de 30 a 35 minutos**
Uma sessão de saúde compensadora que também pode servir de sessão de recuperação pós-esforço.

▶ 10 minutos de aquecimento progressivo;
▶ 15 a 20 minutos em intensidade de Resistência Fundamental;
▶ 5 minutos de retorno à calma.

- O remo ergométrico se presta muito bem a esse exercício, pois provoca uma ampla abertura dos vasos, respiração livre e cadenciada. O elíptico ou a bicicleta, aparelhos pouco prejudiciais, são igualmente muito bem adaptados.
- Não trabalhe contra uma forte resistência. O objetivo é fazer o coração trabalhar em boa frequência, sem deixar de conservar os músculos.

▶ **Sessão CORAÇÃO e MÚSCULOS, 40 minutos**
Nessa sessão, o treino cardiovascular é acompanhado de manutenção muscular da parte superior ou inferior do corpo, segundo o aparelho.

▶ 10 minutos de aquecimento progressivo;
▶ 10 minutos em intensidade de Resistência Fundamental;

- 5 minutos em intensidade Limite;
- 10 minutos em intensidade de Resistência Fundamental;
- 5 minutos de retorno à calma.

  - Esta sessão pode ser feita no elíptico para um trabalho muscular da parte superior do corpo: será necessário pelo menos empurrar com as pernas para localizar os esforços nos braços. Uma variante no *stepper* permite, ao contrário, trabalhar os músculos dos membros inferiores. Não hesite em alternar esses dois aparelhos.
  - A passagem da intensidade de Resistência Fundamental para a intensidade Limite se efetua aumentando a cadência mais do que a resistência.

- **Sessão AQUECIMENTO em um aparelho único, 15 minutos**

Aquecer-se no elíptico permite preparar coração e músculos para as solicitações da musculação. Basta forçar um pouco mais com os braços ou as pernas, segundo os grupos musculares que devem ser preparados para a sessão.

- 5 minutos de aquecimento progressivo;
- 5 minutos em intensidade de Resistência Fundamental;
- 5 minutos de trabalho contra uma forte resistência.

  - Os cinco últimos minutos devem prepará-lo para levantar cargas pesadas. Adapte o nível da resistência para essa sessão.
  - Trata-se aqui de uma sessão de aquecimento, portanto sem retorno à calma.

- **Sessão AQUECIMENTO dos braços e das pernas, 20 minutos**

Com o remo ergométrico, o elíptico e o *stepper* para aquecer os músculos, e uma intensidade cardiovascular crescente, o aquecimento é completo.

- 5 minutos de aquecimento progressivo no remo ergométrico ou no elíptico;
- 5 minutos forçando com os braços;
- 5 minutos de aquecimento progressivo no *stepper*;
- 5 minutos forçando com as pernas.

  - O aquecimento parte de uma intensidade da vida cotidiana para chegar a uma intensidade de esforço contínuo.

▶ **Sessão para MEMBROS SUPERIORES, de 2 a 4 minutos**
Uma curta pausa para vascularizar seu organismo entre suas séries de musculação pesada dos membros superiores.

▶ 2 a 4 minutos em intensidade de Resistência Fundamental.
- Utilize a bicicleta para não solicitar novamente os grupos musculares trabalhados durante sua sessão de musculação.

▶ **Sessão MEMBROS INFERIORES, de 2 a 4 minutos**
Assim como a sessão anterior, uma respiração cardiovascular deve ser intercalada entre suas séries de musculação pesada dos membros inferiores.

▶ 2 a 4 minutos em intensidade de Resistência Fundamental.
- Ao contrário da sessão anterior, utilize o remo ergométrico para não mobilizar novamente os grupos musculares de seu programa de musculação.

## Para progredir, repouse!

*O modelo de treinamento indispensável à sua progressão é o repouso!*

Quando você termina um treinamento intensivo, você progrediu? Tente renovar imediatamente a mesma série, se você ainda não estiver convencido que se progride repousando! Claro, é ao se recuperar de um treino que o corpo se repara e progride. Como se antecipasse uma nova agressão, seu organismo se reconstitui mais forte do que antes. Seus músculos estocam mais energia e reconstroem mais fibras. É assim que se progride no repouso! Os fisiologistas muitas vezes nomeiam a recuperação de "o treinamento invisível"! É por isso que sua organização também é importante tanto quanto a programação de seus treinamentos e sessões de treino cardiovascular.

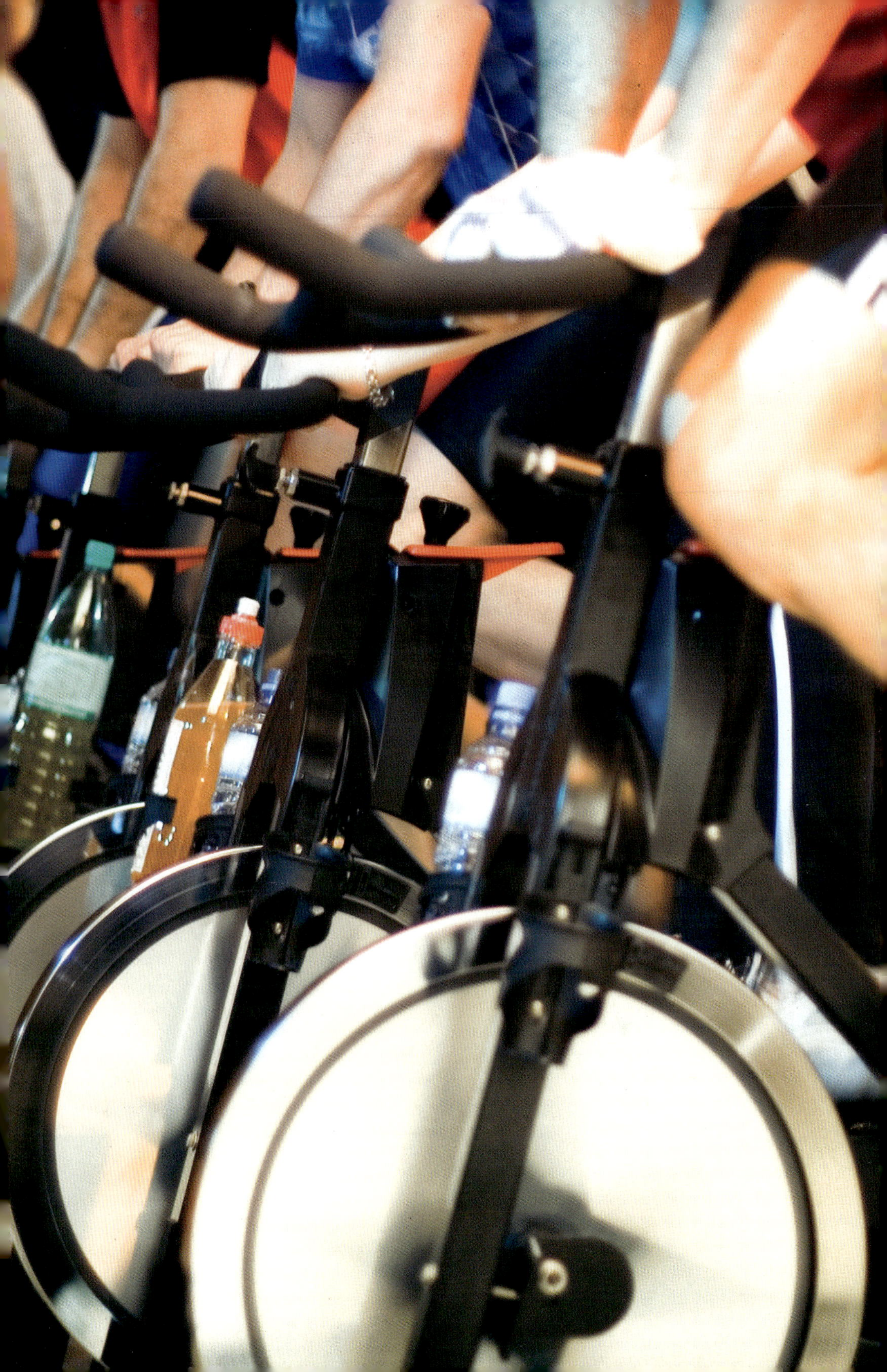

# Musculação de Resistência em Aparelhos de Treino Cardiovascular

*Os esportistas de resistência renovam suas contrações musculares durante as provas. O reforço muscular no treino cardiovascular se mostra incrivelmente eficaz para preparar essas repetições. No plano estético, o desenvolvimento será harmonioso tanto para os homens quanto para as mulheres.*

Vamos repetir: somente ao trabalhar de maneira focada os parâmetros que limitam o desempenho, que se progride. Um corredor de trilhas, ou um maratonista, deve reforçar suas coxas. Ele pode fazê-lo por meio de um treino hiperespecífico, encadeando as subidas ou correndo com uma mochila. A alternativa do *stepper* ou da esteira inclinada permite, por exemplo, trabalhar unicamente o reforço muscular descartando qualquer desconforto articular. Assim como o ciclista que empurra com força os quadríceps para passar as ladeiras ou o nadador que multiplica as trações nos braços e nos ombros, todos os esportistas que são levados a repetir seu gesto retirarão vantagens de uma musculação de resistência. Trata-se de uma musculação que acaba permanecendo. Para complemento de preparação a uma atividade específica, você pode se fixar na sessão correspondente aos grupos musculares solicitados em sua modalidade. No âmbito de uma preparação física generalizada, não deixe de lado!

### Os aparelhos aconselhados
- Na Academia: elíptico, *stepper*, remo ergométrico, bicicleta.
- Em casa: elíptico.

## Programa de reforço muscular

*Essas sessões devem ser encadeadas durante uma semana ou continuadas sem interrupção em função de suas atividades esportivas. Pense em incorporar uma sessão de recuperação a cada 15 dias, para fazer "respirar" seu organismo.*

- 1 x sessão **MEMBROS SUPERIORES**
- 1 x sessão **MEMBROS INFERIORES**
- 1 x sessão **MEMBROS SUPERIORES** e **BUSTO**
- 1 x sessão **RECUPERAÇÃO**

## Conteúdo das sessões

- **Sessão MEMBROS SUPERIORES, de 41 a 51 minutos**

O elíptico é perfeito para a musculação dos peitorais, dorsais, tríceps e bíceps.

- 5 minutos de aquecimento progressivo (aumentando progressivamente a resistência);
- 1 minutos de recuperação ativa;
- 30 a 40 minutos: três vezes (30 a 40 repetições contra uma resistência muito forte + 1 minuto e 30 segundos de recuperação ativa);
- 5 minutos de retorno à calma
- A sessão é concebida para os movimentos de impulso e de tração do elíptico.
- O minuto de recuperação ativa é importante. Ele serve para não invadir o trabalho muscular que vem a seguir: você começa assim as repetições aquecido, mas não cansado.
- A resistência é regrada de maneira que, ao final de suas repetições, você tenha a sensação de poder realizar apenas dez repetições suplementares.
- As repetições se fazem em frequência lenta, para que o movimento provenha unicamente dos músculos e não de uma oscilação do

corpo. Na mesma lógica, não utilize muito os membros inferiores, as pernas devem forçar pouco.

- Pense em puxar e empurrar: ao empurrar você mobiliza os peitorais, os deltoides anteriores e os tríceps; ao puxar, os dorsais, os bíceps e os deltoides posteriores. Em todo caso, você ganhou músculos e trabalhou os oblíquos para controlar a rotação do quadril.

▶ **Sessão MEMBROS INFERIORES, de 41 a 51 minutos**

Uma sessão eficaz que trabalha os músculos dos quadríceps, ísquiotibiais, panturrilhas e nádegas.

▶ 5 minutos de aquecimento progressivo (elevando progressivamente a resistência);

▶ 1 minutos de recuperação ativa;

▶ 30 a 40 minutos: três vezes (30 a 40 repetições em resistência elevada + 1 minuto e 30 segundos de recuperação ativa);

▶ 5 minutos de retorno à calma.

- O gestual do *stepper*, próximo de uma subida sem fim, é adaptado a essa musculação dinâmica.
- O minuto de recuperação ativa é importante. Ele serve para não se sobrepor ao trabalho muscular que vem a seguir: você inicia assim as repetições, aquecido, mas não cansado.
- Você deve manter a bacia na horizontal para não colocar sua coluna vertebral em torção. A solução consiste em empurrar as pernas sem se ajudar com o peso de seu corpo.

▶ **Sessão MEMBROS SUPERIORES e BUSTO, de 41 a 51 minutos**

A sessão consagrada aos deltoides, trapézios e aos músculos dorsais.

▶ 5 minutos de aquecimento progressivo (aumentando progressivamente a resistência);

▶ 1 minuto de recuperação ativa;

▶ 30 a 40 minutos: 30 a 40 repetições em resistência elevada, com a correia acima da cabeça e 1 minuto e 30 segundos de recuperação ativa + 30 a 40 repetições com resistência elevada com trações

dos lados e 1 minuto e 30 segundos de recuperação ativa + 30 a 40 repetições com resistência elevada com trações dos bíceps e 1 minuto e 30 segundos de recuperação ativa;
▶ 5 minutos de retorno à calma.

- O remo ergométrico reforça eficazmente os músculos que estão situados ao longo da coluna vertebral, os abdominais, oblíquos e grandes retos.
- O minuto de recuperação ativa é importante. Ele serve para não se sobrepor ao trabalho muscular que vem a seguir: você inicia assim as repetições, aquecido, mas não cansado.
- A primeira série consiste em subir a correia acima da cabeça para trabalhar simultaneamente os deltoides e os trapézios; para a segunda, você mobiliza os abdominais oblíquos por meio das trações do lado; a última série, com as mãos em supinação, reforça essencialmente bíceps e peitorais.

▶ **Sessão RECUPERAÇÃO, de 30 a 40 minutos**

Uma sessão de regeneração ativa que deve ser integrada regularmente em seu programa de preparação.

▶ 10 minutos de aquecimento progressivo;
▶ 15 a 20 minutos em intensidade de Resistência Fundamental;
▶ 5 minutos de retorno à calma.

– Deve ser realizada, de preferência, no elíptico ou na bicicleta pela ausência de desconfortos gerados por esses dois aparelhos.

## Programas de Treino Cardiovascular

Para a sessão membros superiores e busto, suba a correia acima da cabeça.

Você pode reforçar os bíceps e peitorais durante a sessão membros superiores e busto.

## O que é um esporte de resistência?

***Um esporte de resistência é uma atividade que se prolonga.***

Uma sessão de treino cardiovascular de 30 minutos já solicita os mecanismos fisiológicos da resistência. Esses treinos serão, todavia, insuficientes para praticar provas longas e exigentes como uma maratona (42, 195 quilômetros) ou o grande *raide* da Ilha da Reunião, uma corrida em montanha que acumula 150 quilômetros para mais de 9 mil metros de desnível. No entanto, essas sessões já trazem todos os benefícios para a boa forma e a saúde, respondendo a essa definição simples de um esforço de resistência: durar sem resistir.

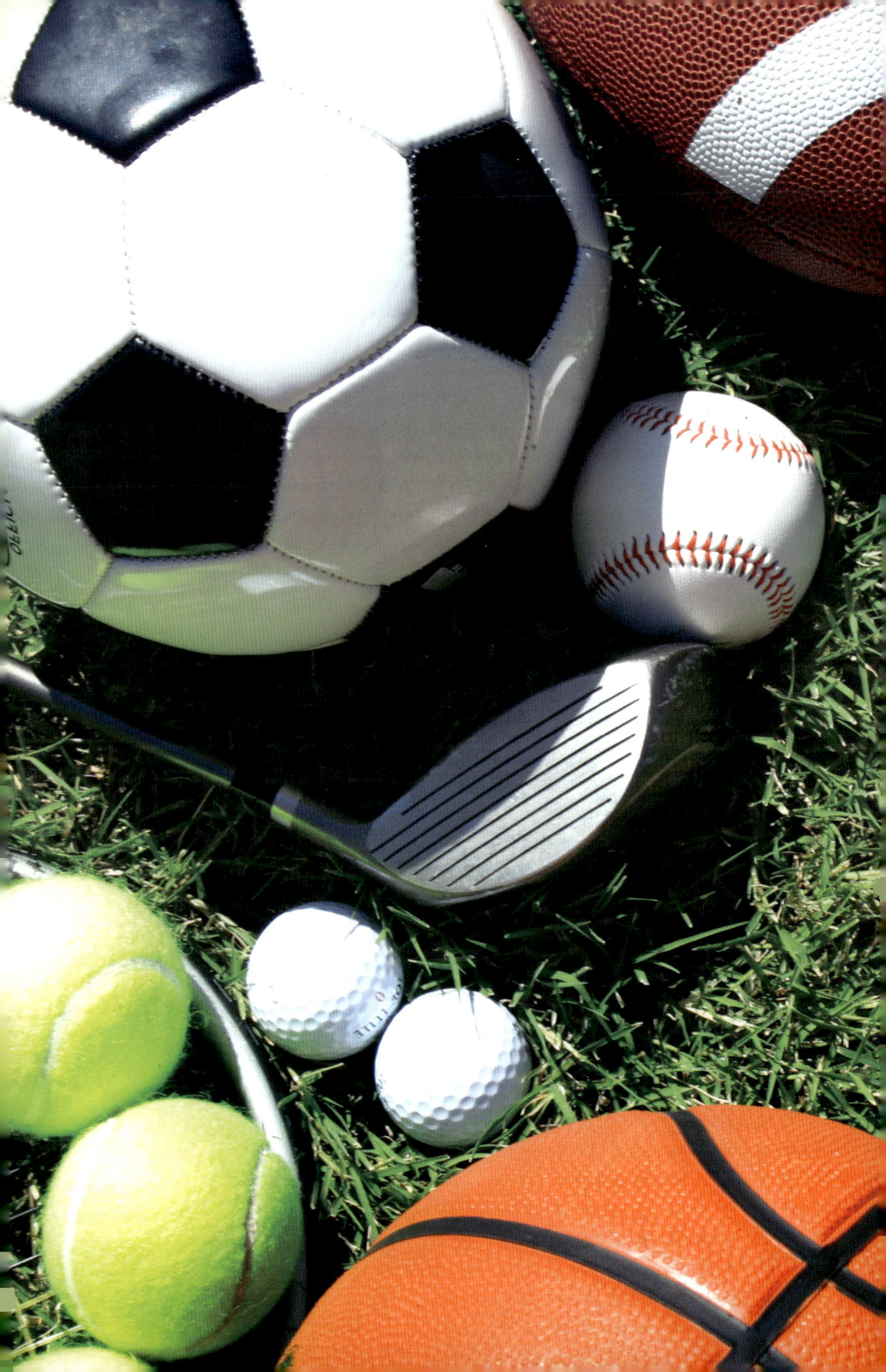

# Multiesportes

*Você é um esportista polivalente! Graças a esses treinos, você poderá abordar todas as disciplinas esportivas com uma real facilidade respiratória e resistência certa.*

Entre a partida de futebol no fim de semana com os amigos, o tênis no verão, o esqui no inverno e os passeios de bicicleta com o filho mais novo, você sempre guarda um pequeno lugar para um dia de arvorismo ou *footing*. Qual é o melhor treino para você além do treino cardiovascular? Fácil de colocar em sua agenda, ele lhe garante condição física para qualquer atividade. Se o desejo de se apresentar para a largada de uma semimaratona o atrai, faça um dos programas de corrida a pé. Também não hesite em escolher um programa de preparação para musculação de resistência de acordo com os seus futuros prazos.

Isso constitui um excelente programa de base que permite abordar todos os esportes com ótima condição física. A outra grande vantagem dos aparelhos guiados é de jamais correr o risco de uma lesão. Assim você não perderá nenhum de seus prazos esportivos lúdicos. Você poderá sair de férias com sua prancha de windsurfe ou sua bola de vôlei! Segundo seus hábitos, alterne esses dois programas ou conserve aquele que mais se aproxima de seus esportes prediletos.

# Programas de Treino Cardiovascular

## Os aparelhos aconselhados

- Na academia: remo ergométrico, elíptico, bicicleta, *stepper*.
- Em casa: bicicleta.

## Programa de resistência polivalente

*Com estas três sessões semanais adaptadas a todas as atividades esportivas, você trabalha os fatores limitantes da resistência cardiovascular. Um programa que deve ser seguido sem interrupção.*

- 1 x sessão **MANUTENÇÃO** do limite
- 1 x sessão **INTERVALADA** em $VO_2$ máx
- 1 x sessão **RESISTÊNCIA**

## Programa de explosividade polivalente

*Se suas atividades esportivas necessitam de mais explosividade do que resistência, este programa integra uma sessão de acelerada muito eficaz.*

- 1 x sessão **MANUTENÇÃO** do limite
- 1 x sessão **INTERVALADA** em $VO_2$ máx
- 1 x sessão **ACELERADA**

## Conteúdo das sessões

▶ **Sessão MANUTENÇÃO DO LIMITE, de 30 a 40 minutos**
A intensidade indispensável deve ser trabalhada, qualquer que seja a atividade esportiva considerada.

- 10 a 15 minutos de aquecimento progressivo;
- 15 a 20 minutos em intensidade Limite;
- 5 minutos de retorno à calma.

• O remo ergométrico, uma vez que a técnica esteja bem assimilada, acrescenta a esse trabalho cardiovascular uma proteção do busto absolutamente judiciosa.

▶ **Sessão INTERVALADA a $VO_2$ máx, de 30 a 35 minutos**
O treino intervalado curto, o famoso "trinta-trinta", realizado na maioria das modalidades esportivas.

- 10 a 15 minutos de aquecimento progressivo;
- 15 minutos de sessão intervalada: 15 vezes (30 segundos rápido + 30 segundos lento);
- 5 minutos de retorno à calma.

• O elíptico é fácil de utilizar nessa intensidade e permite alcançar facilmente sua capacidade aeróbia máxima. Os movimentos de impulso e tração fazem dele um treino completo.

▶ **Sessão RESISTÊNCIA, de 60 a 90 minutos**
Esta sessão mais longa e pouco intensiva vai permitir a seu organismo prolongar os esforços.

- 10 minutos de aquecimento progressivo;
- 45 a 75 minutos em intensidade de resistência fundamental;
- 5 minutos de retorno à calma.

• Pouco prejudicial e confortável, a bicicleta se impõe para essa sessão longa.

▶ **Sessão ARRANCADA, 41 minutos**
Essas acelerações curtas lhe proporcionam o movimento de cintura necessário para o futebol ou subir à rede no tênis.

- 15 minutos de aquecimento progressivo;

- seis vezes (6 segundos rápido + 54 segundos de recuperação) + 4 minutos de recuperação + seis vezes (3 segundos rápido + 57 segundos de recuperação);
- 10 minutos de retorno à calma.
- O salto do *stepper* se presta perfeitamente para essa sessão de explosividade.
- Você deve focar tudo na velocidade.

## Treino e destreino

*Treinar é fazer um pouco mais do que o habitual! Continuar a fazer como de hábito é se manter! Não fazer nada é regredir!*

Estudos que tratam dos indivíduos que saem da reanimação depois de um enfarte mostram que, com apenas duas sessões de 20 minutos de caminhada por semana, eles aumentam sua $VO_2$ máx e seu prognóstico vital. É um efeito de treinamento. Um esportista treinado que segue o mesmo programa vai regredir, com toda certeza. O destreinamento chega rapidamente. Depois de três a quatro dias de inatividade, as centrais energéticas das células (as mitocôndrias) reduzem suas aptidões para a combustão da energia. A vazão cardíaca máxima diminui no final de uma dezena de dias sem exercício físico. Um esportista de alto nível que deixa o esporte, mas mantém uma vida cotidiana ativa, reencontra uma $VO_2$ máx de sedentário em três meses. O mesmo esportista, quando doente em uma cama, verá desaparecer os benefícios de seus anos de prática em apenas três semanas.

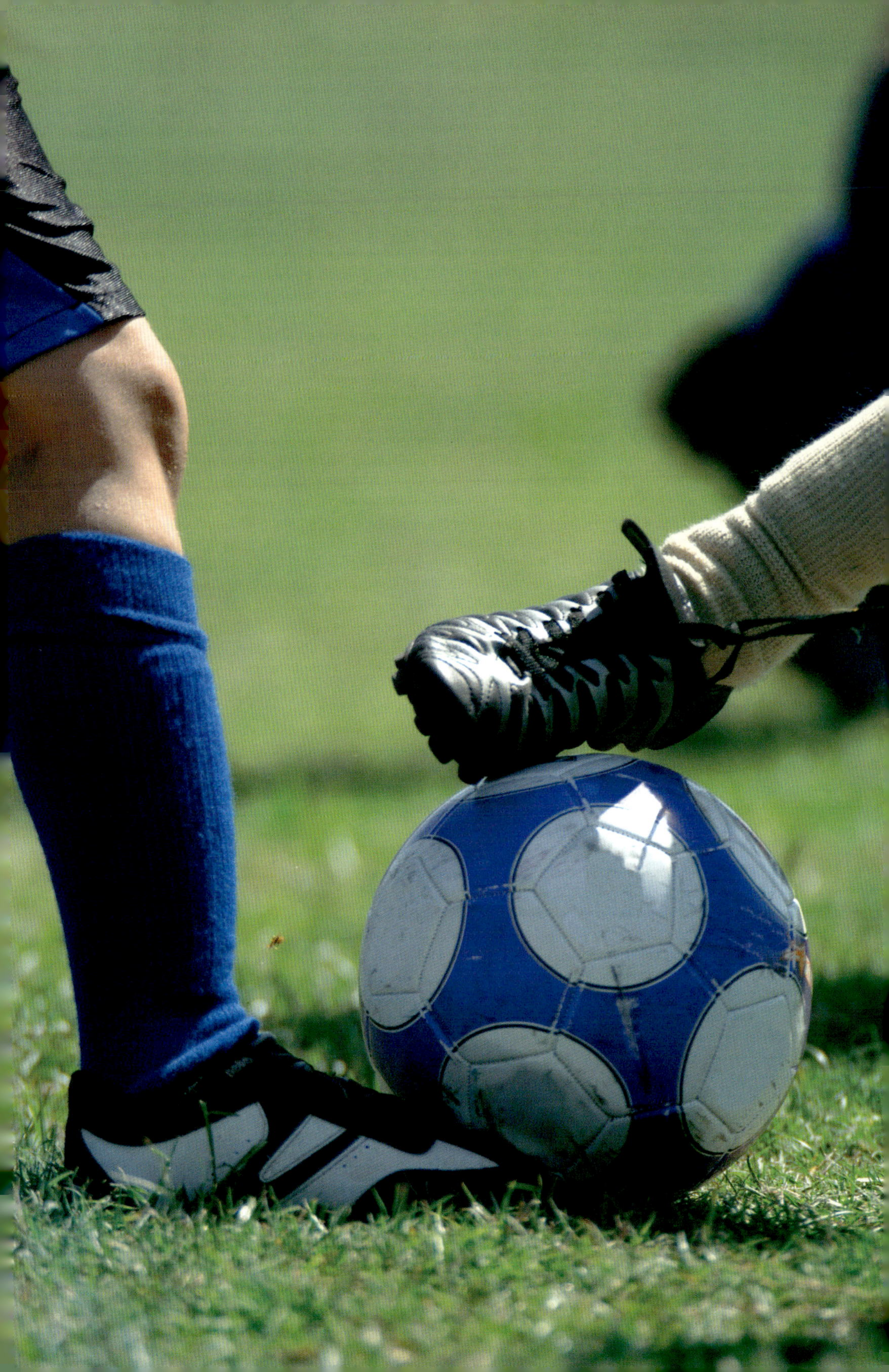

# Futebol

*Você joga todos os finais de semana no clube ou com seus amigos! Em complemento à sua preparação, para compensar os treinos perdidos, ou como sessão de recuperação depois de uma partida intensiva, o treino cardiovascular lhe permitirá entrar em campo muito bem fisicamente.*

O futebol não é uma hora e meia de resistência, mas uma repetição de arrancadas e de fases de recuperação. Contudo, inúmeros estudos mostraram que a aptidão para a repetir as arrancadas dependia da $VO_2$ máx. O organismo exige oxigênio para eliminar ou reconstruir todas as substâncias químicas necessárias aos encadeamentos sucessivos de esforços intensos. O jogador vai reconstituir seus estoques de energia para renovar as arrancadas com o oxigênio que ele é capaz de ventilar! Da mesma maneira, o ácido lático vai ser eliminado com o oxigênio.

Se você lê estas linhas, existem fortes chances para que não seja um jogador de nível internacional. É preciso saber que quanto mais convivemos com as divisões inferiores, mais avançamos na idade e mais o futebol se aproxima de uma atividade de resistência. As arrancadas são menos rápidas, e o jogo diminui em velocidade. O treino de resistência se revela ainda mais importante.

O futebol solicita enormemente a capacidade anaeróbia lática. Se normalmente é a cada dois minutos intensivos de esforços contínuos que esse metabolismo é mobilizado, é na multiplicação das acelerações que o jogador se acidifica. Na academia, você

**Programas de Treino Cardiovascular**

pode facilmente reproduzir esse metabolismo. É trabalhando dessa maneira os parâmetros limitantes do desempenho que você vai progredir!

### Os aparelhos aconselhados
- Na academia: elíptico, esteira, bicicleta.
- Em casa: bicicleta.

**Futebol**

### Programa liga dos campeões

*Sem treino durante a semana, você sentirá dificuldades para seguir o ritmo do jogo no final de semana. Suas recolocações demoram, suas acelerações são menos decisivas e a recuperação fica mais difícil. Com estas três sessões semanais, seus parceiros não vão mais reconhecê-lo!*

- 1 x sessão DIFICULDADE ENERGÉTICA LONGA ou
- 1 x sessão ESPECIFICIDADE CURTA (alternando uma semana a cada duas)
- 1 x sessão LIMITE
- 1 x sessão TREINO REGENERATIVO

### Programa liga um

*Mais curto do que o anterior, este programa é ideal para se regenerar depois de um encontro dominical intensivo e trabalhar os fatores limitantes do desempenho uma vez por semana. Se você consegue intercalar uma sessão de treino técnico, você irá passear no campo.*

- 1 x sessão TREINO REGENERATIVO
- 1 x sessão LIMITE ou 1 x sessão ESPECIFICIDADE CURTA (alternando uma semana a cada duas)

### Programa substituto

*Regular em seus treinos na academia, você deve compensar a partida perdida para conservar o ritmo da competição*

- 1 x sessão DIFICULDADE ENERGÉTICA longa

### Conteúdo das sessões

- **Sessão DIFICULDADE ENERGÉTICA longa, 90 minutos**
Uma verdadeira partida de futebol cardiovascular, dividida em dois períodos de 45 minutos, pode se intercalar no meio da semana ou substituir um encontro perdido no fim de semana.

- 10 minutos de aquecimento progressivo;
- 30 minutos em intensidade Limite;
- 5 minutos de retorno à calma.

Meio tempo: 10 minutos de pausa para beber e beliscar alguma coisa.
- 10 minutos de aquecimento progressivo;
- 30 minutos em intensidade de Resistência Ativa;
- 5 minutos de retorno à calma.

* Na academia, você pode escolher o elíptico para a sessão Limite do primeiro período e depois a esteira, em Resistência Ativa, para a segunda. Você reintroduzirá, assim, a corrida em sua preparação.
* Em um bom nível, a frequência cardíaca média do primeiro meio tempo se situa perto do limite. No segundo meio tempo, o cansaço diminui os desempenhos físicos em um nível, a uma intensidade média de Resistência Ativa.
* Depois dos cinco primeiros minutos de retorno à calma, se dispuser de tempo, você pode recuperar, beber um pouco, beliscar alguma coisa, como durante um meio tempo real.

- **Sessão ESPECIFICIDADE CURTA, 60 minutos**

Uma sessão de substituição não muito longa durante a qual você reproduzirá os metabolismos típicos do futebol.

- 10 minutos de aquecimento progressivo;
- 20 minutos em intensidade Limite;
- 5 minutos de recuperação ativa;
- 5 minutos de acelerada: cinco vezes (6 segundos rápido + 54 segundos de recuperação);
- 5 minutos de recuperação ativa;
- 5 minutos de acelerada: cinco vezes (6 segundos rápido + 54 segundos de recuperação);
- 3 minutos a fundo (trabalho de tolerância lática);
- 2 minutos de recuperação ativa;
- 5 minutos de retorno à calma.

* Essa sessão será muito bem realizada no elíptico ou na bicicleta. A recuperação ativa corresponde à continuação da atividade em intensidade de Resistência Fundamental. Uma atividade em intensidade muito fácil (30/40% da $VO_2$ máx) se coloca como recuperação das intensidades elevadas.
* Esse treinamento se baseia nos metabolismos do futebol, segundo o estudo de referência adaptado aos jogadores de futebol de nível médio e aos esportistas de lazer (estudo de Dufour). Esse estudo define 60 minutos de jogo efetivo para uma partida de futebol de 90 minutos. Durante essa hora de atividade física, o futebolista médio percorre sete quilômetros de corrida e três quilômetros de caminhada. Ele solicita os metabolismos de aeróbia lática (24%) e de anaeróbia alática (14%).

### ▶ Sessão LIMITE, 45 minutos
Uma sessão que reproduz o gasto energético de um primeiro meio tempo que se joga em intensidade Limite.

- ▶ 10 minutos de aquecimento progressivo
- ▶ 30 minutos em intensidade Limite
- ▶ 5 minutos de retorno à calma

- Essa sessão poderá ser realizada na esteira.
- Inúmeros estudos valorizam a alternância dos metabolismos de uma partida de futebol. No alto nível, um goleiro percorre quatro quilômetros (essencialmente andando), um meio campo corre 12 quilômetros, um atacante e um defensor entre seis e oito quilômetros.

### ▶ Sessão TREINO REGENERATIVO, 30 a 35 minutos
As dores nas pernas depois de um jogo dominical vão sumir rapidamente após uma sessão efetuada no dia seguinte ou dois dias mais tarde. Por que dois dias mais tarde? Para deixar seu organismo em repouso no plano hormonal no dia seguinte ao jogo.

- ▶ 10 minutos de aquecimento progressivo;
- ▶ 15 a 20 minutos em intensidade de Resistência Fundamental;
- ▶ 5 minutos de retorno à calma.

- Para um bom aquecimento, a bicicleta é perfeita. Ela conserva seus músculos sem gerar novos desconfortos.
- Uma boa sessão de recuperação deve deixar um gosto de inacabado, o desejo de fazer mais. Pare quando chegar nesse ponto, e só obtenha benefício.

## O treino cardiovascular em todos os clubes

**De Paris a Marselha, passando por Lyon ou Bordeaux, todos os clubes de alto nível dispõem de equipamento de treino cardiovascular.**

Sessões de recuperação, preparação física, retorno à competição depois de lesão... o treino cardiovascular está integrado à preparação das equipes profissionais, dos centros de formação e das equipes de jovens. Em certos clubes europeus privilegiados, os jogadores dispõem até mesmo de bicicletas de treino cardiovascular para a recuperação imediata depois de uma partida.

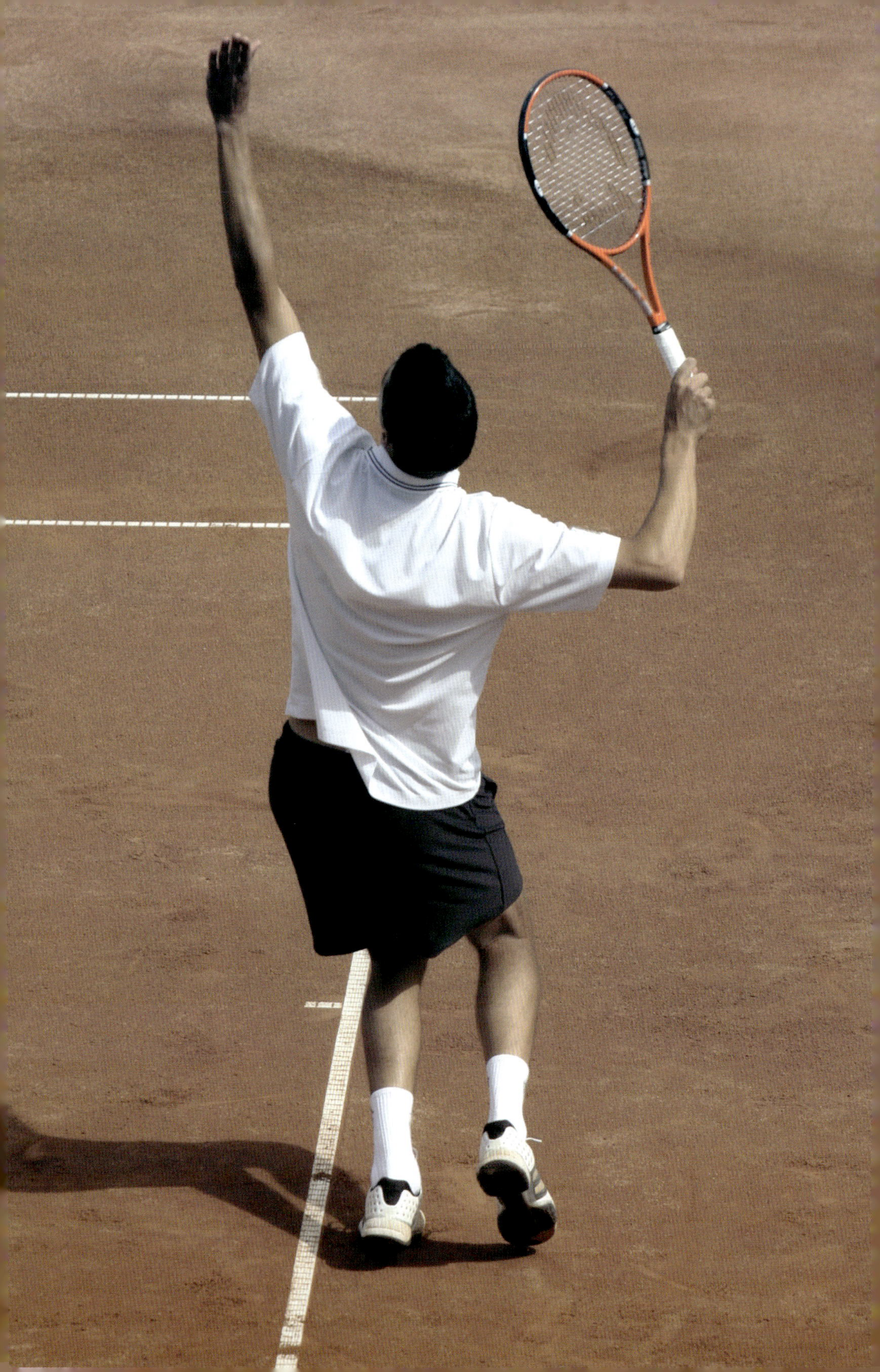

# Tênis e Esportes com Raquete

*O tenista de bom nível obtém todos os benefícios de um treino cardiovascular. Assim como o praticante regular de final de semana que quer se aperfeiçoar durante a semana ou o amador que se prepara para jogar tênis nas férias.*

O tênis não é uma modalidade de resistência. No nível muito alto, o tempo de jogo constatado é apenas de sete a nove minutos por hora. Nos níveis inferiores, esse tempo de jogo se alonga, mas permanece pouco importante. Por outro lado, uma partida pode se estender por várias horas, uma duração em que os músculos exigem ser oxigenados. O organismo deve ter condições de prolongar o esforço. Os competidores sabem muito bem disso. Disputar um torneio, por exemplo, exige uma base bem substancial para encadear as competições. Sem resistência, o cansaço aparece rapidamente. Se acreditarmos no dogma segundo o qual o gesto técnico se altera quando o cansaço se instala, se você joga em seus limites cardiovasculares, não será bom no plano técnico. Suas bolas irão morrer na rede ou voarão para longe atrás da linha de fundo da quadra. Qualquer que seja sua fisiologia, será necessário que você adquira um mínimo de base para se impor nas quadras. As partidas de jogo na rede são partidas de arrancada e de explosão, à imagem de um Mac Enroe cujo tempo real de jogo não ultrapassava os cinco minutos por hora; os jogadores de

## Programas de Treino Cardiovascular

fundo de quadra se aproximam das fisiologias de maratonistas, como Borg, cujo tempo de jogo se aproximava dos nove minutos por hora. Atrás da luta técnica do tênis se esconde o combate fisiológico: um jogador de fundo de quadra só consegue ganhar de um atacante se conseguir impor tecnicamente sua fisiologia.

### Os aparelhos aconselhados

- Na academia: esteira, remo ergométrico, elíptico, bicicleta, *stepper*.
- Em casa: elíptico.

## Programa básico

Um programa de preparação que integra as intensidades-chave do trabalho aeróbio, o Limite e a VO$_2$ máx, com quatro sessões que devem ser encadeadas sem interrupção. Se você fizer apenas duas em uma semana, retome a terceira na semana seguinte, etc.

- 1 x sessão **LIMITE**
- 1 x sessão **VO$_2$ MÁX**
- 1 x sessão **RECUPERAÇÃO**
- 1 x sessão **LONGA**

## Programa para ficar afiado

Durante a temporada, este programa reproduz os metabolismos específicos do tênis. O atacante insistirá no programa de fundo de quadra e o jogador de fundo na sessão de atacante. Para progredir, é preciso trabalhar seus pontos fracos!

- 1 x sessão **JOGO DE FUNDO DE QUADRA**
- 1 x sessão **JOGO DE ATACANTE**
- 1 x sessão **RECUPERAÇÃO**

## Conteúdo das sessões

**Sessão LIMITE, de 30 a 40 minutos**
A inevitável sessão de trabalho na intensidade de transição do metabolismo aeróbio.
- 10 a 15 minutos de aquecimento progressivo;
- 15 a 20 minutos em intensidade Limite;
- 5 minutos de retorno à calma.
  - Alterne esta sessão na esteira para encontrar os deslocamentos da corrida e no remo ergométrico para o trabalho muscular da parte superior do corpo.

**Sessão VO$_2$ MÁX, de 30 a 35 minutos**
Treino intervalado curto necessário tanto para multiplicar as acelerações quanto para prolongar as trocas.

- 10 a 15 minutos de aquecimento progressivo;
- 15 minutos de intervalado: 15 vezes (30 segundos rápido + 30 segundos lento);
- 5 minutos de retorno à calma.
  - O elíptico não é prejudicial e se adapta perfeitamente ao trabalho nessa intensidade elevada.

### Sessão RECUPERAÇÃO, 30 minutos
Indispensável sessão de regeneração que não deve ser negligenciada.
- 10 minutos de aquecimento progressivo;
- 15 minutos em intensidade de Resistência Fundamental;
- 5 minutos de retorno à calma.
  - A bicicleta permanece o "aparelho-rei" para uma recuperação após a partida ou uma regeneração durante as preparações intensivas.

### Sessão LONGA, 90 minutos
Sessão que permite manter a distância nas partidas que se prolongam e encadear *sets* em um torneio.
- 10 minutos de aquecimento progressivo;
- 75 minutos em intensidade de Resistência Fundamental;
- 5 minutos de retorno à calma.
  - O ideal é variar os aparelhos ao longo da mesma sessão e dar prioridade à esteira, solicitando os membros superiores com o remo ergométrico ou o elíptico.
  - Se sua academia é equipada com um *cardiowave*, este é o aparelho correto e a sessão adequada para preparar seus deslocamentos laterais.

### Sessão JOGO DE FUNDO DE QUADRA, de 43 a 48 minutos
Este treino permite conviver progressivamente com todas as intensidades encontradas ao longo de uma troca.
- 10 a 15 minutos de aquecimento progressivo;
- 15 minutos no Limite + 3 minutos de recuperação ativa + 2 minutos em intensidade Dinamização do Limite + 3 minutos de recuperação + 2 minutos de aceleração em $VO_2$ máx + 3 minutos de recuperação;
- 5 minutos de retorno à calma.
  - O ideal é efetuar esta sessão no elíptico para trabalhar simultaneamente as pernas e os braços. É também uma boa sessão para ser feita na esteira.

- A recuperação entre as sequências intervaladas é quase passiva; ela corresponde ao período de volta da bola ao jogo.
- No final da sessão, você chega à sua frequência cardíaca máxima! Manter dois minutos a 100% já é difícil.

▶ **Sessão JOGO DE ATACANTE, de 31 a 36 minutos**
Sessão de arrancada que deve ser efetuada a fundo para facilitar as subidas à rede.
▶ 10 a 15 minutos de aquecimento progressivo
▶ 16 minutos: três vezes (8 segundos a fundo + 1 minuto e 52 segundos de recuperação) + 4 minutos de recuperação + três vezes (8 segundos a fundo + 1 minuto e 52 segundos de recuperação)
▶ 5 minutos de retorno à calma

- Uma sessão que deve ser efetuada em prioridade no *stepper*: os saltos se aproximam do movimento da corrida. A rapidez da execução deve ser privilegiada.
- A recuperação entre as arrancadas é quase passiva. Ela corresponde à volta da bola ao jogo.

## A técnica sem o físico!

### O cansaço altera o gesto técnico

Se os músculos necessários para a realização do gesto perfeito estão esgotados, o cérebro se vê obrigado a solicitar os outros músculos, ditos compensadores. Eles se tornam então responsáveis por um gesto menos eficaz e menos rentável. O cérebro automatiza o programa muscular efetuado com mais frequência. Por isso, se o exercício continua, é o programa defeituoso que é memorizado.

É preciso, portanto, dissociar o trabalho técnico do trabalho físico. Se você procura melhorar seu serviço ou seu voleio, repita esses gestos específicos no começo da sessão, quando você ainda não está cansado fisicamente. Se você trabalha seu saque depois de uma partida, seu gestual será alterado e seu cérebro vai memorizar esse gesto defeituoso. No jargão dos treinadores, dizem que você vai desaprender! Guarde bem isto: o trabalho técnico para quando o cansaço se instala!

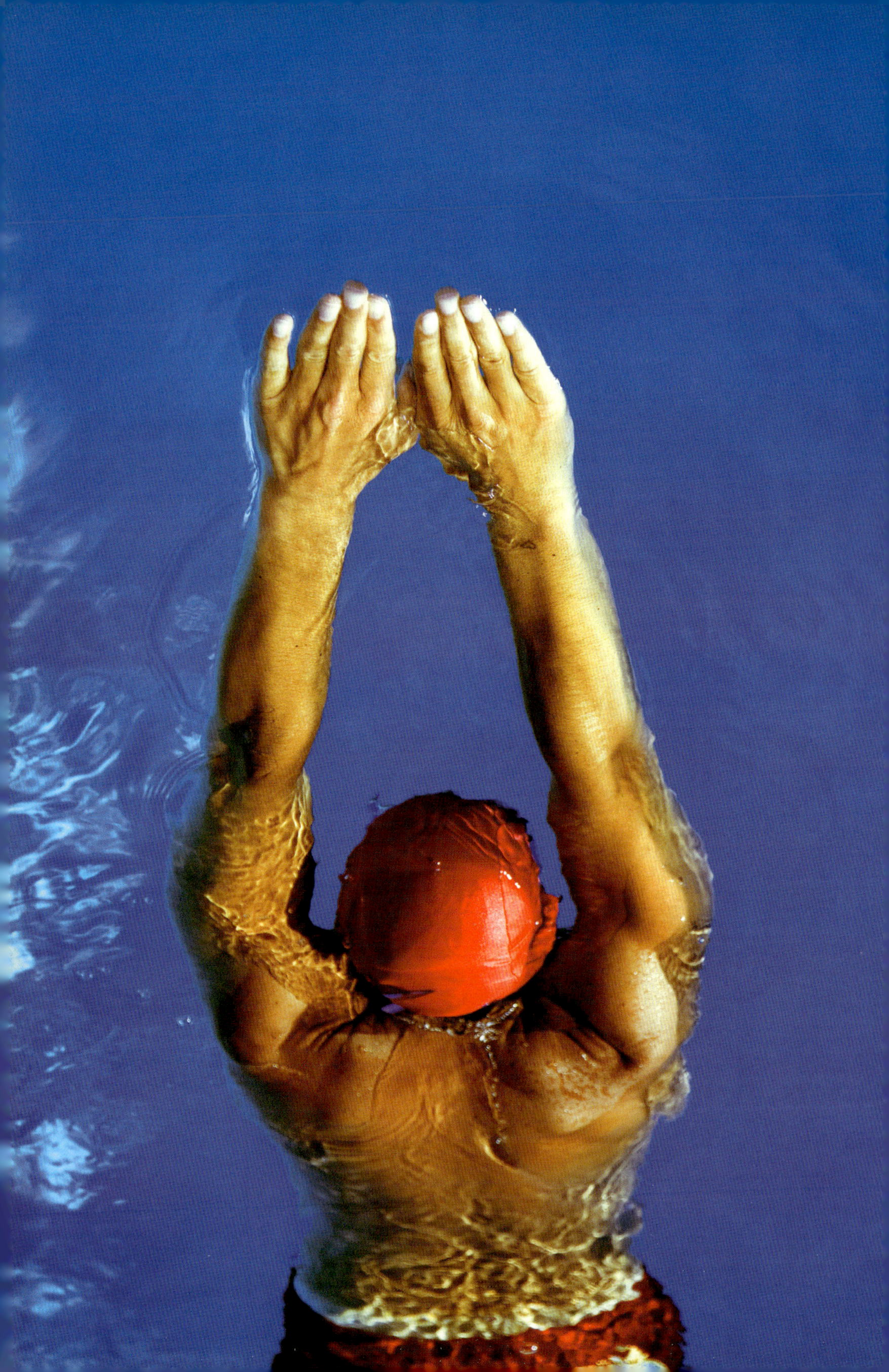

# Natação

*Um nadador realiza trabalho cardiovascular amplamente suficiente na piscina. Aqui o treino cardiovascular se integra como complemento para a saúde e também pode se mostrar útil na substituição de uma sessão perdida.*

Para manter os ombros, o nadador de *crawl* tem todo interesse em introduzir o elíptico em seus treinamentos. Pela mesma razão, o nadador de peito faria bem em usar com mais frequência o remo ergométrico. Esses simuladores se revelam menos agressivos para os ombros, o ponto nevrálgico dos especialistas de natação. Os movimentos de forte amplitude do nado fazem com que os tendões se friccionem sobre as proeminências ósseas situadas na extremidade das escápulas (o acrômio para os mais eruditos). Eles os danificam. Esse desgaste é mais verdadeiro no *crawl* do que no nado de peito, e ainda mais no nado de costas. Por isso o interesse em sair da água e em subir em um simulador para se preservar sem deixar de treinar. O elíptico reproduz um gestual que se assemelha ao do *crawl*, no nível das cadeias musculares alternadas. O movimento simultâneo do remo ergométrico se assemelha ao do nado de peito. Ambos evitam que os tendões se choquem contra os ombros. Os competidores e nadadores regulares podem assim reduzir as horas de piscina quando sofrem dos ombros, sem deixar de trabalhar as gamas da fisiologia. O treino cardiovascular se torna uma verdadeira atividade de substituição.

Além do mais, esses aparelhos reforçam os dorsais e os peitorais, músculos que puxam para baixo o úmero. De fato, o úmero se distancia da cavidade glenoide. Assim, mesmo ao nadar, os tendões são menos desgastados. Sendo assim, o treino cardiovascular se torna verdadeira atividade complementar.

Por outro lado, estudos mostraram que os nadadores de alto nível apresentam, aos 25 anos, uma densidade óssea inferior à de um sedentário. Em suspensão na água, a estrutura óssea não sofre nenhuma dificuldade. Fora uma regra de ouro que quer que todo estímulo esteja na origem de uma adaptação, os nadadores têm todo o interesse em colocar seus ossos em dificuldade para solidificá-los. A esteira se torna salutar e a corrida age como remédio contra a fragilização óssea. A diversificação do treino encontra aqui todo seu sentido.

### Os aparelhos aconselhados

▶ Na academia: elíptico, remo ergométrico, esteira.
▶ Em casa: elíptico.

Natação

## Programa básico para a primeira semana

*Sessões que devem ser encadeadas sem interrupção em período de preparação, em função de suas sessões na piscina e de suas disponibilidades.*

- 1 x sessão LIMITE NO ELÍPTICO
- 1 x sessão INTERVALADA VO$_2$ MÁX NO REMO ERGOMÉTRICO
- 1 x sessão RECUPERAÇÃO
- 1 x sessão REFORÇO MUSCULAR

## Programa básico para a segunda semana

- 1 x sessão LIMITE NO REMO ERGOMÉTRICO
- 1 x sessão INTERVALADA VO$_2$ MÁX NO ELÍPTICO
- 1 x sessão RECUPERAÇÃO
- 1 x sessão REFORÇO MUSCULAR

## Programa para ficar afiado

*Durante a temporada, estas duas sessões completam as sessões na piscina.*

- 1 x sessão INTERVALADA ANAERÓBIA
- 1 x sessão RECUPERAÇÃO

## Conteúdo das sessões

- **Sessão LIMITE, de 30 a 40 minutos**

A sessão que não pode faltar em um bom treino

- 10 a 15 minutos de aquecimento progressivo;
- 15 a 20 minutos em intensidade Limite;
- 5 minutos de retorno à calma.

  - Para alternar no elíptico ou no remo ergométrico, segundo o programa.

## Programas de Treino Cardiovascular

▶ **Sessão INTERVALADA** $VO_2$ **máx, de 30 a 35 minutos**
Uma sessão curta de intervalado para trabalhar sua "cilindrada".

▶ 10 a 15 minutos de aquecimento progressivo;
▶ 15 minutos de intervalado: 15 vezes (30 segundos rápido + 30 segundos lento);
▶ 5 minutos de retorno à calma.

- Para ser alternado no elíptico ou no remo ergométrico, segundo o programa.

▶ **Sessão RECUPERAÇÃO, 30 minutos**
Uma sessão de regeneração para ser intercalada entre os grandes treinos ou depois de uma competição difícil.

▶ 10 minutos de aquecimento;
▶ 15 minutos em intensidade de Resistência Fundamental;
▶ 5 minutos de retorno à calma.

- Aproveite a intensidade baixa para passar para a esteira em perfeita harmonia gestual e respiratória, a fim de colocar sua estrutura óssea no eixo.

▶ **Sessão REFORÇO MUSCULAR, de 41 a 51 minutos**
Uma sessão de musculação para o reforço dos peitorais, dorsais, tríceps e bíceps.

▶ 5 minutos de aquecimento progressivo (elevando progressivamente a resistência);
▶ 1 minuto de recuperação ativa;
▶ 30 a 40 minutos: três vezes (30 a 40 repetições em resistência quase máxima + 1 minuto e 30 segundos de recuperação ativa);
▶ 5 minutos de retorno à calma.

- O remo ergométrico é ideal! Ele acrescenta fortalecimento do busto ao reforçar peitorais e dorsais.
- O minuto de recuperação ativa serve para não exagerar no trabalho muscular que vem a seguir. Você pode iniciar as repetições aquecido, mas não cansado.

- No final das repetições, você deve ter a sensação de que pode realizar de cinco a dez a mais.

▶ **Sessão INTERVALADA ANAERÓBIA, de 30 a 40 minutos**

A intensidade máxima deste programa se aproxima daquela alcançada nos cem metros.

▶ 10 a 15 minutos de aquecimento progressivo;
▶ 15 a 20 minutos: três a quatro vezes (1 minuto no máximo, muito rápido + 4 minutos em intensidade de Resistência Fundamental);
▶ 5 minutos de retorno à calma.

- Os nadadores de *crawl* irão preferir o elíptico, os adeptos do nado de peito escolherão antes o remo ergométrico.
- A velocidade prima sobre a força durante o minuto em forte intensidade em que você convive a anaeróbia lática, entre potência e capacidade.

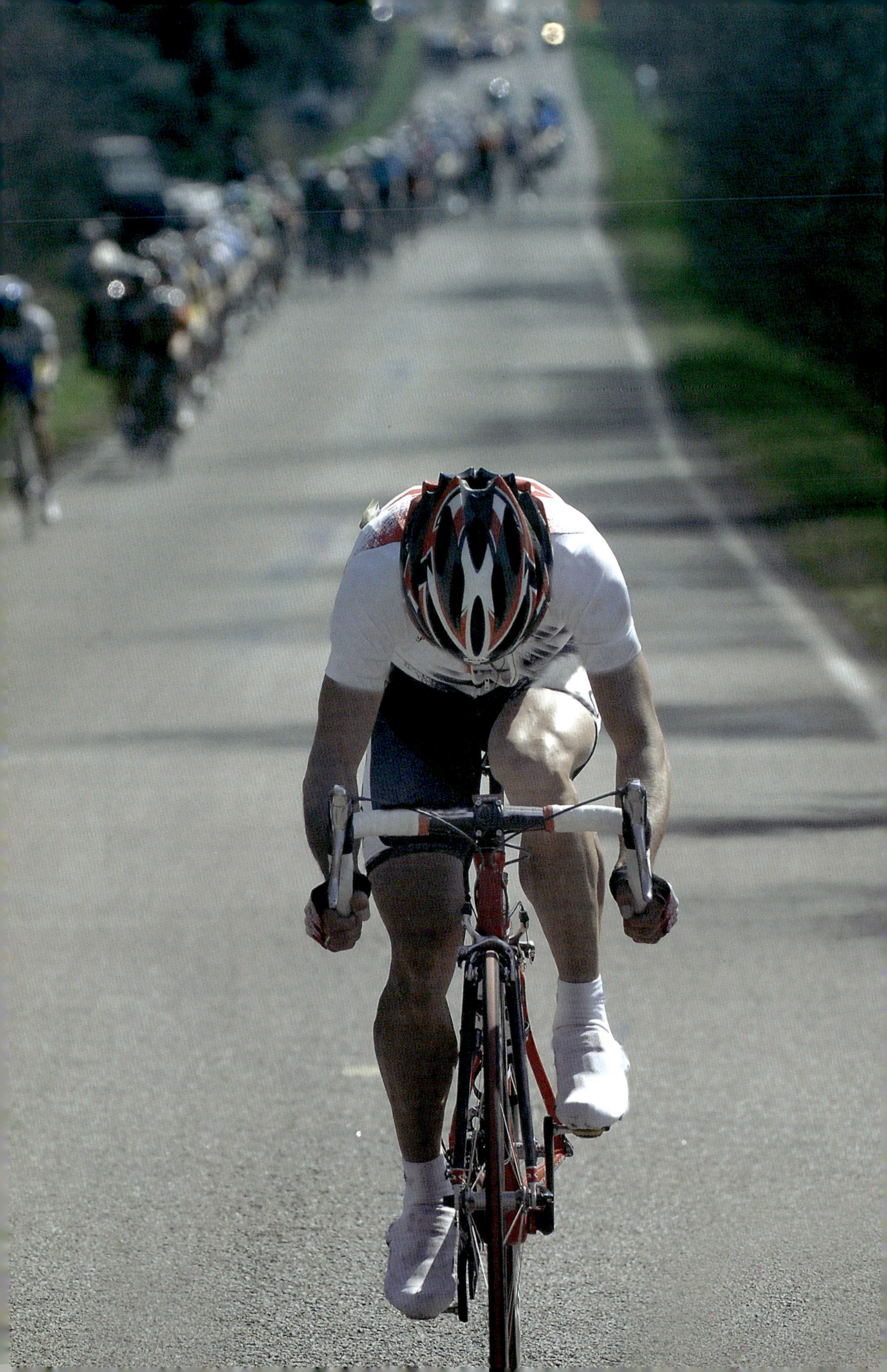

# Ciclismo e Ciclismo de Montanha

*Nem sempre é evidente tirar sua bicicleta durante a semana, colocar o nariz para fora com temperaturas muito baixas ou quando chove demais. O interesse da academia para os ciclistas também é o de introduzir sessões muito específicas e mobilizar grupos musculares às vezes negligenciados pelos treinos.*

As irregularidades são inerentes ao ciclismo e ainda mais ao ciclismo de montanha. Desnível, vento, mudanças de ritmo do pelotão são uns dos vários problemas a ser enfrentados. Para se preparar a essas variações de intensidade, as saídas que consistem em adicionar horas de selim se mostram insuficientes. Se percorrer quilômetros é necessário para preparar um cicloesportista de 200 quilômetros, os treinos curtos em intensidade elevada, retardam o limite e aumentam a $VO_2$ máx, também são importantes. O fenômeno é idêntico para se apresentar na largada de uma prova de ciclismo de montanha de duas horas ou de uma trilha de verão de vários dias. Se o ciclista só fizer saídas longas em velocidade constante, ele se torna um verdadeiro *diesel*, incapaz de suportar as variações de ritmo.

Durante a semana, as preparações para um cicloesportista de 80 quilômetros, um *raide* em bicicleta de montanha de 40 quilômetros ou uma prova em estrada de 200 quilômetros não vão ser fundamentalmente diferentes. É o treinamento do final de semana, no terreno, que vai injetar a especificidade da preparação. Durante a semana, a sessão de intervalado e o trabalho no limite (manutenção e dinamização) constituem as passagens obrigatórias. Sessões fáceis de serem feitas na academia ou em sua casa.

É necessário diversificar os aparelhos? Longe da competição, a diversidade é desejável para a saúde e permanece pertinente em termos de desempenho. Treinar no elíptico e no remo ergométrico para reforçar a parte de cima do corpo, mas igualmente correr na esteira para colocar sob pressão os ossos e os tendões, garante boa preparação generalizada. Em contrapartida, durante a temporada esportiva, em uma lógica de desempenho, é preferível permanecer mais específico e se concentrar em uma bicicleta do tipo *spinning*. Que sorte para os seres pedalantes dispor de um simulador tão próximo de sua modalidade!

### Os aparelhos aconselhados
- Na academia: bicicleta, elíptico, esteira, remo ergométrico.
- Em casa: bicicleta.

**Ciclismo e Ciclismo de Montanha**

**Em posição de ciclista contrarrelógio.**

# Programas de Treino Cardiovascular

## Programa pro

Conservando sua saída longa específica no final de semana, você dispõe de três sessões intensivas que devem ser encadeadas sem interrupção. Acrescente uma sessão de recuperação colocada segundo suas sensações, toda semana ou pelo menos uma vez a cada 15 dias.

- 1 x sessão LIMITE
- 1 x sessão DINAMIZAÇÃO DO LIMITE
- 1 x sessão $VO_2$ MÁX 30 segundos – 30 segundos ou 1 x sessão $VO_2$ MÁX LONGA (alternando uma semana a cada duas)
- 1 x sessão RECUPERAÇÃO

## Programa de cicloesporte

Programa idêntico ao anterior, um pouco menos intenso. Esta preparação também supõe uma saída longa específica nos finais de semana.

- 1 x sessão LIMITE
- 1 x sessão $VO_2$ MÁX 30 segundos – 30 segundos ou 1 x sessão $VO_2$ MÁX LONGA (alternando uma semana a cada duas)
- 1 x sessão RECUPERAÇÃO

## Programa básico para o inverno, primeira semana

O período de inverno é bom para reforço muscular específico, associado a uma atividade cardiovascular que alterna as sessões longas e curtas. Na segunda semana, uma sessão mais longa se impõe para substituir a saída muitas vezes difícil de ser feita ao ar livre durante o inverno.

Ciclismo e Ciclismo de Montanha

- 1 x sessão LIMITE
- 1 x sessão RESISTÊNCIA ATIVA
- 1 x sessão REFORÇO MUSCULAR

### Programa básico para o inverno, segunda semana

- 1 x sessão VO$_2$ MÁX 30 segundos – 30 segundos
- 1 x sessão RESISTÊNCIA FUNDAMENTAL
- 1 x sessão REFORÇO MUSCULAR

Em posição clássica, bem equilibrado sobre a bicicleta.

## Conteúdo das sessões

▶ **Sessão LIMITE, de 30 a 40 minutos**

Ao se aproximar do limite, você retarda seu aparecimento e consegue mantê-lo por mais tempo. De cara para o vento, você vai se tornar imbatível.

- 10 a 15 minutos de aquecimento progressivo;
- 15 a 20 minutos em intensidade Limite;
- 5 minutos de retorno à calma.

  • Utilize a bicicleta para uma intensidade que você encontrará com frequência na área.

▶ **Sessão DINAMIZAÇÃO DO LIMITE, de 30 a 35 minutos**

Um bom treino para iniciar um passeio, acelerar na ladeira ou largar definitivamente seus companheiros de saída.

- 10 a 15 minutos de aquecimento progressivo;
- 6 minutos em intensidade de Dinamização do Limite + 3 minutos de recuperação ativa + 6 minutos em intensidade de Dinamização do Limite;
- 5 minutos de retorno à calma.

  • Nessa intensidade, que estranhamente se assemelha à de uma lombada severa, a bicicleta se impõe igualmente.

▶ **Sessão $VO_2$ MÁX 30 30 segundos – 30 segundos, de 30 a 35 minutos**

Você vai gostar do aumento de sua "cilindrada" para vencer as subidas e acelerar, mas também para manter por mais tempo os esforços de baixa intensidade.

- 10 a 15 minutos de aquecimento progressivo;
- 15 minutos de intervalado: 15 vezes (30 segundos rápido + 30 segundos lento);
- 5 minutos de retorno à calma.

  • Suba no elíptico, se puder, você atingirá facilmente o máximo de sua intensidade aeróbia, garantindo também um fortalecimento da parte superior do corpo.

▶ **Sessão VO$_2$ MÁX LONGA, de 33 a 38 minutos**
Uma sessão típica de ciclista que se prepara depois de um esforço, com as pernas repletas de ácido lático. Uma situação encontrada com muita frequência no final de uma corrida ou trilha.

- 10 a 15 minutos de aquecimento progressivo;
- 18 minutos de intervalado: três vezes (3 minutos de aceleração em intensidade VO$_2$ máx + 3 minutos de recuperação ativa);
- 5 minutos de retorno à calma.

  - Essa sessão na bicicleta lhe permite um treino específico de ciclismo. Uma vez que você deve permanecer de dois a quatro minutos acima do limite, você vai se acidificar muito. O outro interesse dessa sessão é a certeza de atingir sua frequência cardíaca máxima.
  - O intervalado longo é feito com intervalos de dois minutos, três minutos ou quatro minutos, a recuperação que se segue sendo igual ao tempo de trabalho. Essas sequências devem ser repetidas de duas a quatro vezes.

▶ **Sessão RECUPERAÇÃO, de 30 a 35 minutos**
Deve ser feita no dia seguinte ou dois dias depois de uma prova ou de um grande treino. Se você está acabado no plano hormonal, faça a sessão dois dias depois; em contrapartida, se seu organismo não foi muito solicitado, opte por uma recuperação no dia seguinte.

- 10 minutos de aquecimento progressivo;
- 15 a 20 minutos em Resistência Fundamental;
- 5 minutos de retorno à calma.

  - O ideal é efetuar essa sessão na esteira para colocar seus ossos sob pressão. Os impactos da corrida vão atingir sua estrutura óssea. Você vai reforçá-la, segundo a regra de ouro do treino que quer que todo estímulo esteja na origem de uma adaptação.

▶ **Sessão RESISTÊNCIA ATIVA, 90 minutos**
Essa sessão de esforço contínuo se desenrola na intensidade da maioria das provas de bicicleta.

- 10 minutos de aquecimento progressivo;
- 75 minutos em intensidade de Resistência Ativa;
- 5 minutos de retorno à calma.
  - Permaneça sobre a bicicleta para essa intensidade usual das provas cicloesportivas e dos *raides* de ciclismo na montanha.

- **Sessão RESISTÊNCIA FUNDAMENTAL, 120 minutos**

A base fundamental do treino se constrói a partir dessas sessões longas. Os benefícios se colhem amplamente durante a estação.
- 10 minutos de aquecimento progressivo;
- 105 minutos em intensidade de Resistência Ativa;
- 5 minutos de retorno à calma.
  - A bicicleta para a primeira metade da sessão pode ser substituída pelo elíptico, ou pelo remo ergométrico na segunda parte. Além da diversidade, a mudança de material rompe com a monotonia.

Os adeptos de longas distâncias não hesitarão em aumentar essa sessão.

- **Sessão REFORÇO MUSCULAR, 30 minutos**

Os ciclistas podem equipar sua bicicleta com pedais automáticos para encontrar um gestual próximo da pedalagem nesta sessão de "torque".

- 10 minutos de aquecimento progressivo;
- 15 minutos: três vezes (30 segundos em força + 4 minutos e 30 segundos de recuperação ativa);
- 5 minutos de retorno à calma.
  - A resistência deve estar no máximo de suas possibilidades de empurrar em 30 segundos.
  - O ideal é variar as posições nas três sequências: sentado em posição aerodinâmica, como no contrarrelógio (a 90 giros/minuto); sentado em situação de "passagem de um desfiladeiro" (a 70 giros/minuto); em pé sobre os pedais, como bailarina (a 50 giros/minuto).

## Os ciclistas gostam da $VO_2$ máx

**Um ciclista que dispõe de uma importante $VO_2$ máx absoluta e de boas dimensões será um bom ciclista.**

Assim que esta estiver correlacionada com o peso e que a ladeira se inclinar, nosso grande ciclista vai experimentar as piores dificuldades se seguir os ciclistas escaladores leves.
Alguns ciclistas, naturalmente pouco inclinados ao esforço para subir, conseguem passar as ladeiras e os desfiladeiros junto com os melhores, depois de regimes emagrecedores draconianos. Eles são dotados de um "grande motor" (uma forte $VO_2$ máx). O ciclista escalador "é equipado" com um pequeno motor. Sua $VO_2$ máx não lhe permite andar muito rápido em longos trechos retos. Entretanto, ele dispõe de uma boa $VO_2$ max/quilo; portanto, ele vai subir com facilidade. Por que os verdadeiros ciclistas escaladores podem acelerar nas ladeiras? É um fenômeno de inércia. Um verdadeiro ciclista escalador é leve. Ele não sofre com seu peso. A aptidão para acelerar é a mesma para subir.

Em pé sobre os pedais, como bailarina.

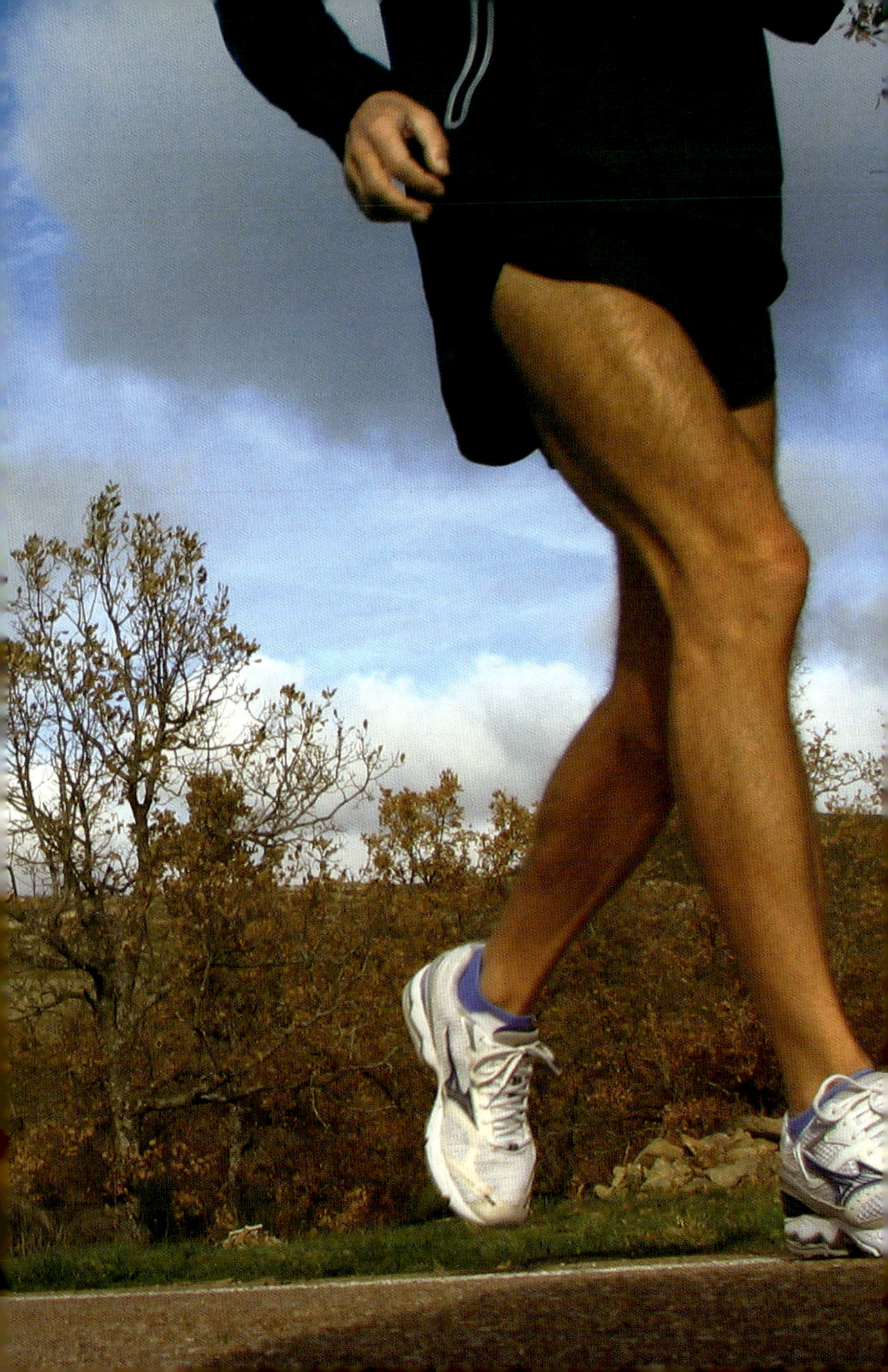

# Corrida a Pé

*A corrida a pé é mais fácil de praticar. Em contrapartida, ela se mostra, às vezes, traumatizante. Entre os meniscos que se cansam e a artrose que surge, as sessões de treino cardiovascular permitem treinos dissociados, limitando os traumatismos musculares e articulares.*

Do *jogging* como lazer à maratona, o treino cardiovascular permite focar seus treinos. Você pode diminuir no treino cardiovascular todas as intensidades às quais você não corre em competição (limite, dinamização do limite, $VO_2$ máx) e conservar o trabalho psicomotor na intensidade das corridas que você prepara para seus treinos em terreno natural. Se você prepara uma trilha que comporta muitos desníveis, o *stepper* ou a esteira inclinada permitem um treino específico para subida. Para as longas distâncias, às vezes é difícil se preparar sem ferir as articulações. A ausência de desconfortos articulares e musculares do elíptico permite prolongar as sessões sem provocar traumatismos. Nestes dois casos, como em muitos outros, treinar no terreno no final de semana é muitas vezes suficiente e, em todo caso, indispensável.

    A academia também permite variar os aparelhos para uma preparação física generalizada que não deixa de lado o busto e os braços. É interessante no plano da saúde, mas igualmente para seus desempenhos: ao exigir mais dos braços e reforçar sua estrutura abdominal, você vai equilibrar sua dinâmica de corrida. A precisão e a ausência de indulgência do trabalho na esteira agem como um verdadeiro treinador pessoal. Se você corre a 16 quilômetros por hora, impossível largar, senão a esteira o faz voltar ao seu nível. E, para realizar testes de velocidade máxima aeróbia (VMA), a esteira é campeã.

### Os aparelhos aconselhados
- Na academia: esteira, elíptico, bicicleta, *stepper*, remo ergométrico.
- Em casa: elíptico.

## Programa dez quilômetros

*As corridas de dez quilômetros têm uma duração de 30 a 60 minutos, dependendo do nível. Sendo assim, é necessário "pisar fundo". Já que a intensidade Limite é a desse tipo de corridas, ela deve se realizar na esteira.*

- 1 x sessão VO2 MÁX LONGA ou
- 1 x sessão DINAMIZAÇÃO DO LIMITE (com alternância de uma semana a cada duas)
- 1 x sessão RECUPERAÇÃO

## Programa semimaratona, primeira semana

1 x sessão LIMITE

*Para preparar essa distância que corresponde às grandes corridas populares de uns 20 quilômetros, todas as intensidades-chave são abordadas em duas semanas.*

- 1 x sessão LIMITE
- 1 x sessão RECUPERAÇÃO

## Programa semimaratona, segunda semana

- 1 x sessão RESISTÊNCIA ATIVA
- 1 x sessão $VO_2$ MÁX (30 segundos – 30 segundos)
- 1 x sessão DINAMIZAÇÃO DO LIMITE

## Programa maratona, primeira semana

- 1 x sessão RESISTÊNCIA FUNDAMENTAL

*Para manter a distância nos 42 quilômetros e 195 metros, o treino se intensifica e passa para quatro sessões por semana.*

- 1 x sessão LIMITE
- 1 x sessão RECUPERAÇÃO
- 1 x sessão RESISTÊNCIA ATIVA
- 1 x sessão RESISTÊNCIA FUNDAMENTAL LONGA

# Programas de Treino Cardiovascular

## Programa maratona, segunda semana

- 1 x sessão VO$_2$ MÁX (30 segundos – 30 segundos)
- 1 x sessão RESISTÊNCIA ATIVA
- 1 x sessão DINAMIZAÇÃO DO LIMITE
- 1 x sessão RESISTÊNCIA FUNDAMENTAL LONGA em aparelhos múltiplos

## Programa trilha, primeira semana

*Quanto mais as provas preparadas serão longas, mais será necessário alongar as sessões de resistência e/ou o treino no terreno. As saídas externas possuem virtudes técnicas indispensáveis.*

- 1 x sessão RESISTÊNCIA FUNDAMENTAL LONGA nos aparelhos múltiplos
- 1 x sessão LIMITE
- 1 x sessão DINAMIZAÇÃO DO LIMITE na esteira

## Programa trilha, segunda semana

- 1 x sessão VO$_2$ MÁX (30 segundos – 30 segundos) no *stepper*
- 1 x sessão LIMITE na esteira
- 1 x sessão RESISTÊNCIA ATIVA

## Conteúdo das sessões

- **Sessão VO$_2$ máx longa, de 31 a 36 minutos**

Esse treino é propício às corridas de curtas distâncias (cerca de dez quilômetros) em que os esforços continuam com as pernas cheias de ácido lático.

- 10 a 15 minutos de aquecimento progressivo
- 16 minutos de intervalado: quatro vezes (2 minutos em aceleração + 2 minutos de recuperação ativa)
- 5 minutos de retorno à calma
  - Essa sessão no elíptico permite que você treine no máximo de sua capacidade aeróbia, sem as dificuldades da corrida.

- **Sessão DINAMIZAÇÃO DO LIMITE, de 30 a 35 minutos**

Além de elevar seu limite, esse trabalho permite que você memorize a rapidez a partir da qual você está nitidamente na "zona vermelha".

- 10 a 15 minutos de aquecimento progressivo;
- 6 minutos em intensidade de Dinamização do Limite + 3 minutos de recuperação ativa + 6 minutos em intensidade de Dinamização do Limite;
- 5 minutos de retorno à calma.

  - A esteira será privilegiada para o programa de treino de dez quilômetros, o elíptico constitui a melhor alternativa.
  - O gestual "salto" do *stepper* facilita chegar a essa intensidade e propõe um reforço muscular interessante para os programas da semimaratona e da maratona.
  - Para a preparação da trilha, essa sessão deve ser feita na esteira, com acréscimo de 8 a 12% de inclinação.

- **Sessão RECUPERAÇÃO, de 30 a 45 minutos**

Deve ser feita no dia seguinte ou dois dias depois de uma prova difícil ou de um grande treino.

- 10 minutos de aquecimento progressivo
- 15 a 30 minutos em intensidade de Resistência Fundamental
- 5 minutos de retorno à calma

  - Uma sessão a ser efetuada prioritariamente na bicicleta ou no elíptico.

- **Sessão LIMITE, de 30 a 40 minutos**

Você deve aprender a manter essa intensidade, no limite do superaquecimento, para tolerá-lo por mais tempo.

- 10 a 15 minutos de aquecimento progressivo;
- 15 a 20 minutos em intensidade Limite;
- 5 minutos de retorno à calma.

  - Utilize a esteira para o programa de treino de dez quilômetros, trata-se, grosso modo, de sua intensidade de corrida.
  - O elíptico e sua brandura muscular e articular se impõem para os treinos para a semimaratona e para a maratona.
  - Os trilhadores trabalharão suas coxas no *stepper* alternando com uma sessão na esteira, sem inclinação.

**Sessão RESISTÊNCIA ATIVA, de 60 a 120 minutos**

Uma sessão que reproduz a intensidade adotada pela maioria dos amadores nas corridas de 20 quilômetros.

- 10 minutos de aquecimento progressivo;
- 45 a 105 minutos em intensidade de Resistência Ativa;
- 5 minutos de retorno à calma.

## Programas de Treino Cardiovascular

- A esteira é absolutamente indicada para reencontrar o gestual específico da corrida; o elíptico constitui a melhor alternativa.
- Para bem se preparar para a maratona e para as provas longas, não hesite em prolongar a sessão.
- Para o programa de treino para a trilha, acrescente 8 a 12 % de inclinação na esteira durante cinco minutos a cada 15 minutos.

**Sessão $VO_2$ MÁX 30 segundos – 30 segundos, de 30 a 35 minutos**
A sessão típica de intervalado curto em que você trabalha sua "cilindrada aeróbia".

- 10 a 15 minutos de aquecimento progressivo;
- 15 minutos de intervalado: 15 vezes (30 segundos rápido + 30 segundos lento);
- 5 minutos de retorno à calma.

  - Use o elíptico para atingir facilmente sua frequência cardíaca máxima.
  - Os adeptos das trilhas e de outras corridas de montanha ganharão em se preparar no *stepper*.

**Sessão RESISTÊNCIA FUNDAMENTAL, de 60 a 120 minutos**
Essas horas de treino em baixa intensidade solicitam de maneira contínua seu sistema cardiovascular.

- 10 minutos de aquecimento progressivo;
- 45 a 105 minutos em intensidade de Resistência Fundamental;
- 5 minutos de retorno à calma.

  - A esteira será privilegiada para o programa da semimaratona ao alternar com o elíptico e a bicicleta, a melhor alternativa para evitar os desconfortos articulares da corrida.

**Sessão RESISTÊNCIA FUNDAMENTAL LONGA, de 90 a 180 minutos**
Sessão longa para preparar para prolongar os esforços.

- 10 minutos de aquecimento progressivo;
- 75 a 156 minutos em intensidade de Resistência Fundamental;
- 5 minutos de retorno à calma.

  - A esteira será privilegiada para preparar a maratona, a alternar com o elíptico e com a bicicleta.

**Sessão RESISTÊNCIA FUNDAMENTAL LONGA em aparelhos múltiplos, de 90 a 240 minutos**
Essas horas na academia solicitam de maneira contínua seu sistema cardiovascular e de maneira equilibrada seu aparelho locomotor. Essa sessão longa pode ser substituída por uma grande saída externa.

**Corrida a Pé**

- 10 minutos de aquecimento progressivo na bicicleta;
- 15 a 45 minutos de bicicleta, em intensidade de Resistência Fundamental;
- 15 a 45 minutos de elíptico, em intensidade de Resistência Fundamental;
- 15 a 45 minutos de *stepper*, em intensidade de Resistência Fundamental;
- 15 a 45 minutos de remo ergométrico, em intensidade de Resistência Fundamental;
- 15 a 45 minutos de esteira lateral, em intensidade de Resistência Fundamental;
- 5 minutos de retorno à calma na esteira.

• O princípio é respeitar essa diversidade de aparelhos e a alternância de trabalho dos membros inferiores e superiores.

## O que é a VMA?

*A VMA (velocidade máxima aeróbia) é a velocidade de corrida atingida quando você está em sua frequência cardíaca máxima ($VO_2$ máx). Essa velocidade de corrida pode ser mantida de três a 11 minutos.*

Um sedentário dispõe de uma VMA de nove a dez quilômetros por hora; um maratonista de alto nível, de 22 a 23 quilômetros por hora. Essa medida é muito específica para a corrida. O desempenho em VMA introduz a técnica de corrida tanto quanto o físico. No material de treino cardiovascular, essa VMA seria evocada em termos de potência: é a potência atingida na frequência cardíaca máxima. A esteira lhe permite calcular sua VMA e se calibrar regularmente ao longo da temporada: inicie entre seis e oito quilômetros por hora de acordo com seu nível. Aumente a todo minuto a velocidade em 0,5 quilômetros por hora, até o momento em que você não aguentar mais. Sua frequência cardíaca vai subir até o seu máximo. A velocidade que você atinge assim que sua frequência cardíaca é máxima é sua VMA. Sem a resistência do ar, é preciso acrescentar 1,5 % de inclinação para obter o equivalente da corrida em terreno natural. Esse teste na academia é incomparável!

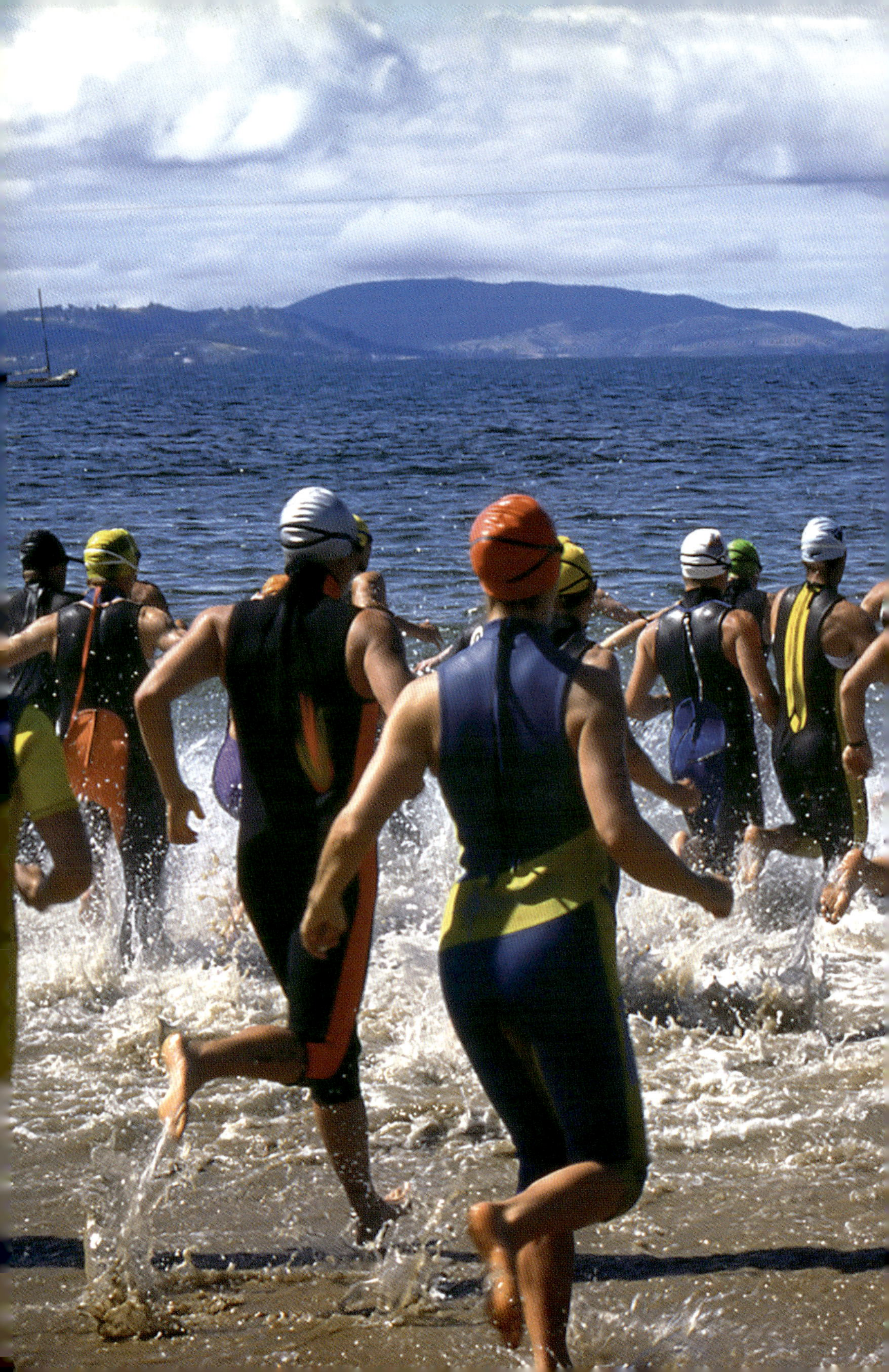

# *Triathlon*

**Com essas modalidades, às vezes é difícil treinar durante a semana. O bom do esporte na academia é poder efetuar um verdadeiro pequeno triathlon indoor e *trabalhar especificamente as transições*.**

As transições representam uma das dificuldades do *triathlon*. A passagem da natação para a bicicleta é muito difícil. É preciso ficar de pé! Em termos de coordenação, isso necessita um trabalho dos sistemas de equilíbrio, principalmente o vestíbulo, onde fica o labirinto, que é o nosso "centro de equilíbrio". Além do mais, as pernas reciclam o ácido lático produzido pelos braços. Manifesta-se então um esgotamento metabólico das pernas que não correspondem ao esforço fornecido. As coxas travam! Para se treinar para essa transição, o remo ergométrico em intensidade alta, seguido pela bicicleta, é perfeito. O elíptico, ao forçar os braços e ao negligenciar as pernas, assemelha-se também ao *crawl*. O ideal permanece a bicicleta de braços, presente em algumas academias. Assim você irá preparar suas pernas para reciclar o ácido lático proveniente dos braços. Em seguida, ao passar da bicicleta para a corrida, de uma posição de quadrúpede, bem em equilíbrio sobre as cinco pontas de apoio (mãos, pés e ísquios), você reencontra uma posição de bípede saltitante. Todos os músculos devem recomeçar a funcionar. Câimbras podem aparecer! Além da mudança postural, você passa de um modo de contração muscular concêntrica a um modo pliométrico: na bicicleta os músculos se contentam em empurrar; na corrida, eles amortecem e relançam. É difícil e exigente! O encadeamento das modalidades é fácil de ser reproduzido na academia.

Não se prive disso. Em casa, seu simulador predileto continua a ser a bicicleta, a modalidade quantitativamente mais importante das três.

### Os aparelhos aconselhados
- Na academia: bicicleta, remo ergométrico, esteira, elíptico.
- Em casa: bicicleta.

## Programa de pré-temporada

*Um programa de preparação que deve ser encadeado sem interrupção segundo suas disponibilidades e saídas ao ar livre. Os adeptos das longas distâncias não hesitarão em prolongar as sessões.*

- 1 x sessão VO$_2$ MÁX
- 1 x sessão LIMITE
- 1 x sessão RESISTÊNCIA FUNDAMENTAL

## Programa para ficar afiado, primeira semana

*Na temporada, o treino se torna mais específico principalmente com uma sessão baseada nas transições e em um treino longo. As sessões se articulam em torno de suas provas e treinos no terreno.*

- 1 x sessão VO$_2$ MÁX
- 1 x sessão SUBSTITUIÇÃO
- 1 x sessão RECUPERAÇÃO

## Programa para ficar afiado, segunda semana

- 1 x sessão DINAMIZAÇÃO DO LIMITE
- 1 x sessão TRANSIÇÃO
- 1 x sessão RESISTÊNCIA FUNDAMENTAL

## Conteúdo das sessões

- **Sessão VO$_2$ MÁX, 35 minutos**

A indispensável sessão intervalada pode ser feita nos três aparelhos mais próximos da modalidade.

## Programas de Treino Cardiovascular

- 5 minutos de aquecimento progressivo no remo ergométrico;
- 5 minutos em intensidade $VO_2$ máx: cinco vezes (30 segundos rápido + 30 segundos lento) no remo ergométrico;
- 5 minutos de aquecimento progressivo em bicicleta;
- 5 minutos em intensidade $VO_2$ máx: cinco vezes (30 segundos rápido + 30 segundos lento) na bicicleta;
- 5 minutos de aquecimento progressivo na esteira ou no elíptico
- 5 minutos em intensidade $VO_2$ máx: cinco vezes 30 segundos rápido + 30 segundos lento) no tapete ou no elíptico;
- 5 minutos de retorno à calma na esteira ou no elíptico.

• O trabalho intervalado nessa intensidade é mais fácil no elíptico do que na esteira, e o gestual permanece próximo ao da corrida.

### Sessão LIMITE, de 30 a 65 minutos

Adiar o aparecimento do limite e mantê-lo por mais tempo possível é uma das chaves de uma preparação de sucesso do triatleta.

- 10 a 15 minutos de aquecimento progressivo;
- 15 a 45 em intensidade Limite;
- 5 minutos de retorno à calma.

• O ideal é alternar os aparelhos utilizando o remo ergométrico, a bicicleta ou a esteira.

• O nível do limite é diferente segundo as modalidades. Quanto mais importante é o volume muscular solicitado, tanto mais o limite é elevado. Na bicicleta, o limite se situa geralmente por volta de 70 a 75% da $VO_2$ máx, ao passo que ele se situa antes em torno de 75 a 80% na corrida a pé. Apenas os triatletas com rendimento excelente conseguem limites bem próximos nas duas disciplinas.

### Sessão RESISTÊNCIA fundamental, de 90 a 105 minutos

Boa sessão de preparação para prolongar o esforço e treinar o organismo para queimar gorduras.

▶ 10 minutos de aquecimento progressivo;
▶ 75 a 90 minutos em intensidade de Resistência Fundamental;
▶ 5 minutos de retorno à calma.

- Essa sessão pode ser feita na bicicleta pela ausência de dificuldade proposta, mas aqui também o encadeamento do remo ergométrico, da bicicleta e do elíptico deve ser considerado para encontrar as transições da modalidade. Você permanece próximo dos gestuais específicos, sem deixar de limitar as dificuldades musculares e articulares.
- A alternativa interessante é o encadeamento, em casa, da bicicleta com o footing ou a esteira. Um truque: encadeie bicicleta em casa com a descida das escadas de seu imóvel. Por quê? Para exacerbar as dificuldades em amortecimento ligadas à transição entre a bicicleta e a corrida a pé.

▶ **Sessão SUBSTITUIÇÃO, 85 minutos**

Remo ergométrico, bicicleta e esteira reproduzem as três modalidades e permitem trabalhar todas as transições em intensidade de um *triathlon*. O outro interesse dessa sessão é proporcionar seus esforços em função da modalidade: a natação dura por volta da metade da corrida a pé, e esta dura a metade da bicicleta.

▶ 6 minutos de aquecimento progressivo no remo ergométrico;
▶ 10 minutos em intensidade de Resistência Ativa no remo ergométrico;
▶ 2 minutos de aquecimento progressivo na bicicleta;
▶ 40 minutos em intensidade de Resistência Ativa na bicicleta;
▶ 2 minutos de aquecimento progressivo na esteira;
▶ 20 minutos em intensidade de Resistência Ativa na esteira;
▶ 5 minutos de retorno à calma na esteira.

– O aquecimento em cada novo aparelho permite se adaptar à especificidade do gestual.

## Programas de Treino Cardiovascular

▶ **Sessão RECUPERAÇÃO, de 30 a 35 minutos**

Um treino regenerativo depois de uma competição ou de um treino severo será preferível nos dois dias depois, para deixar seu organismo tranquilo no plano hormonal no dia seguinte ao esforço.

▶ 10 minutos de aquecimento progressivo;
▶ 15 a 20 minutos em intensidade de Resistência Fundamental;
▶ 5 minutos de retorno à calma.

- A bicicleta se impõe por sua capacidade de não gerar novos desconfortos.
- Um bom treino regenerativo se acompanha de uma sensação de não ter feito nada. Essa frustração significa que a sessão vai realmente representar seu papel reparador.

▶ **Sessão DINAMIZAÇÃO DO LIMITE, 38 minutos**

Sempre os três simuladores mais próximos das modalidades para dinamizar o limite.

▶ 5 minutos de aquecimento progressivo no remo;
▶ 6 minutos em intensidade de Dinamização do Limite no remo ergométrico;
▶ 5 minutos de recuperação ativa na bicicleta;
▶ 6 minutos em intensidade de Dinamização do Limite na bicicleta;
▶ 5 minutos de recuperação ativa na esteira ou no elíptico;
▶ 6 minutos em intensidade de Dinamização do Limite na esteira ou no elíptico;
▶ 5 minutos de retorno à calma na esteira ou no elíptico.

- Essa intensidade é mais fácil de ser efetuada no elíptico do que na esteira e o gestual permanece próximo ao da corrida.

▶ **Sessão TRANSIÇÃO, 45 minutos**

As modificações psicomotoras próprias a cada transição são treinadas em dois momentos em uma intensidade elevada.

▶ 5 minutos de aquecimento progressivo no remo ergométrico;
▶ 15 minutos em intensidade Limite: 5 minutos no remo ergométrico, 5 minutos na bicicleta, 5 minutos na esteira;

- 5 minutos de recuperação ativa no remo ergométrico;
- 15 minutos em intensidade Limite: 5 minutos no remo, 5 minutos na bicicleta;
- 5 minutos na esteira;
- 5 minutos de retorno à calma na esteira.

## O elíptico contra os traumatismos

*A cada ano, 66% dos triatletas faltam a um treino em uma de suas modalidades por causa de lesão.*

Quase todos os traumatismos provêm da corrida a pé, e é altamente provável que essas lesões toleram o elíptico. O triatleta que você é certamente poderá continuar a treinar substituindo a corrida por esse aparelho. Fazer um encadeamento de *triathlon* será igualmente realizável com o trio remo ergométrico, bicicleta e elíptico. Além da ausência dos movimentos traumatizantes da corrida substituída pelo elíptico, as solicitações alternadas das cadeias musculares dos membros superiores se assemelham ao movimento do *crawl*.

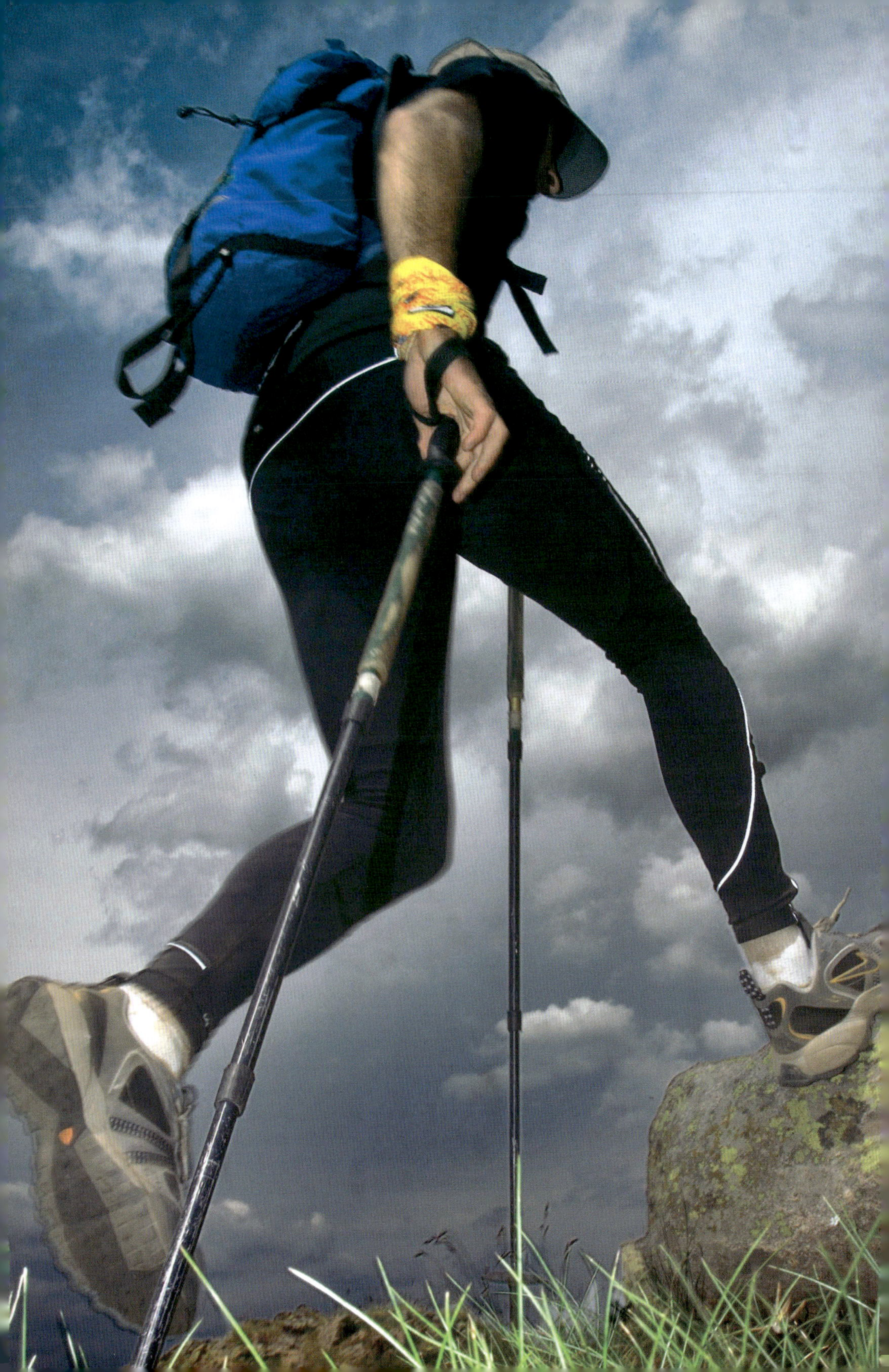

# *Trekking* e Caminhada

*Os caminhos de Compostela se desenham à sua frente! Você vai, enfim, poder realizar esse famoso trek na Ilha da Reunião! Prepare seus dois companheiros indispensáveis: bons calçados e um coração em plena forma para enfrentar os quilômetros dias após dias, sem sofrimento.*

Se existe um esporte cardiovascular, é este! Andar carregando uma mochila por caminhos acidentados, deslocar-se em relevos cheios de vales durante horas e depois recomeçar no dia seguinte pode, com certeza, conduzi-lo vagarosamente ao esgotamento. Além dos indispensáveis passeios de fim de semana com durações crescentes com a aproximação das datas de partida, sessões de treinamento judiciosamente programadas vão ajudá-lo a adiar os limites do cansaço. A receita consiste em incluir um pouco de intensidade em sua preparação. Por quê? Para que sua velocidade de caminhada ativa se distancie ao máximo de seu limite lático, esse momento limite em que seu organismo produz mais acidez do que pode reciclar. Você evitará assim os finais de jornada dolorosos e os despertares difíceis. Suas capacidades de resistência progredirão! Além desse prazer, você também limita os riscos de lesão, principalmente de entorse do tornozelo.

### Os aparelhos aconselhados

- Na academia: esteira, *stepper*, elíptico, bicicleta.
- Em casa: *stepper*.

# Programas de Treino Cardiovascular

## Programa de grandes espaços

*Três sessões que devem ser feitas sem interrupção, para abordar serenamente os longos périplos ou caminhadas em montanha média. Não se esqueça de se preparar uma semana antes do prazo.*

- 1 x sessão CAMINHADA CURTA
- 1 x sessão CAMINHADA LONGA
- 1 x sessão SUBIDA

## Conteúdo das sessões

### Sessão CAMINHADA CURTA, 30 minutos

Essa intensidade essencial vai ajudá-lo a não "ficar no vermelho" no terreno quando o esforço aumentar.

- 10 minutos de aquecimento progressivo;
- 15 minutos em intensidade Limite;
- 5 minutos de retorno à calma.

  - A esteira se impõe pelo gestual adaptado à caminhada. Por sua vez, o elíptico alivia suas articulações ao reproduzir os movimentos não muito distantes daquele da caminhada ativa. Não hesite em alternar os dois aparelhos.
  - Na esteira, a sutileza é adicionar uma inclinação (de 12 a 15%) mais do que aumentar a velocidade. Em cada passo, você vai levantar seu centro de gravidade e preparar suas costas e seus abdominais aos desconfortos da caminhada com mochila.

### Sessão CAMINHADA LONGA, de 90 a 180 minutos

Essa sessão um pouco longa vai habituar seu organismo a queimar gorduras e a prolongar o esforço.

- 10 minutos de aquecimento progressivo;
- 75 a 165 minutos em intensidade de Resistência Fundamental;
- 5 minutos de retorno à calma.

- Uma sessão que deve ser efetuada em todos os aparelhos. Alterne os aparelhos e mobilize muito mais a parte superior do corpo com aqueles que mobilizam antes as pernas. Se você tem acesso a um *cardiowave*, não hesite!
- Na esteira, adicione igualmente um pouco de inclinação com essa sessão.

▶ **Sessão SUBIDA, de 35 a 45 minutos**

A intensidade mais elevada de sua preparação se reveste de um reforço muscular. Uma sessão exigente com benefícios certos para andar por regiões montanhosas e acidentadas.

▶ 10 a 15 minutos de aquecimento progressivo;
▶ 20 minutos em intensidade de Dinamização do Limite: duas vezes (6 minutos em intensidade de Dinamização do Limite + 4 minutos de recuperação ativa);
▶ 5 minutos de retorno à calma.

- O *stepper* vai reproduzir um gestual muito próximo de uma subida com forte porcentagem e reforçar suas coxas.

## Alguns truques

- Você deseja se preparar sem hipocrisia? Não tenha medo dos olhares zombadores e carregue uma mochila na academia durante suas sessões na esteira.
- Com a aproximação do prazo, para melhor suportar a sucessão dos dias de caminhada, encadeie suas sessões dois dias seguidos.
- Uma semana antes do prazo, organize-se para fazer duas sessões típicas em Resistência Fundamental (ver página 82), em bicicleta, se possível.
- Você se prepara em pleno inverno para um *trek* ou uma caminhada em um país quente! Seus treinos na academia vão perfeitamente adaptá-lo ao estresse térmico!

Val Thorens
Audi
iglo
44
SÖLDEN
VUARNET
CAISSE D'EPARGNE
LISKI

# Esqui Alpino

*Você tira uma semana para praticar esqui ou corre para sua prancha todos os fins de semana assim que a neve aparece! Essa preparação de três semanas vai fazer com que você aproveite plenamente seus dias para deslizar evitando muitas lesões.*

Quanto tempo você permanece em cima das pranchas durante um dia de esqui? No mínimo três horas, às vezes muito mais! O esqui pode ser considerado um esporte de resistência em razão do encadeamento dos esforços que ele propõe. Além do mais, uma boa resistência se mostra necessária para tolerar essas jornadas esportivas no frio. A outra necessidade de uma preparação básica responde à regra de ouro que quer que os gestos técnicos sejam bem realizados quando o físico não está esgotado. O jeito de segurar os bastões será correto se seu organismo não estiver muito alterado pelo cansaço. Quantas quedas acontecem no final da jornada quando os esquiadores estão exauridos? Todos os anos, o esqui provoca 135 mil acidentes. A principal vítima? O joelho. Mais de um terço dos traumatismos revela-se entorse do joelho, e um a cada dois acaba em ruptura do ligamento cruzado anterior. As mulheres, no entanto, menos presentes nas pistas, estão mais expostas: dois acidentes a cada três ocorrem com elas. Um assunto para reflexão antes de se lançar a todo vapor do alto das pistas. Quanto melhor for sua condição física, mais seu gestual permanecerá garantido. Esses treinos específicos vão preparar progressivamente seu coração, mas também seus músculos e articulações para o melhor e para evitar o pior.

## Os aparelhos aconselhados

▶ Na academia: elíptico, bicicleta, *stepper*, esteira, remo ergométrico.
▶ Em casa: *stepper*.

**Programas de Treino Cardiovascular**

## Programa pronto para descer

*Essas três semanas de preparação específica só podem ser feitas se você já está em forma. As sessões serão alongadas ao decorrer das semanas, a duração das intensidades também!*

*Dê antes uma olhada nos programas de Retomada do Esporte e de Grande Forma, se você estiver um pouco fora de forma.*

- **Primeira semana, FLOCO DE NEVE**
- **Segunda semana, SLALOM**
- **Terceira semana, SUPERGIGANTE***

## Conteúdo das semanas

### Primeira semana, floco de neve

- **Sessão RESISTÊNCIA LONGA, 60 minutos**

Essa sessão um pouco longa habitua seu organismo a prolongar o esforço.

- 10 minutos de aquecimento progressivo;
- 45 minutos em intensidade de Resistência Fundamental;
- 5 minutos de retorno à calma.

- Pouco traumatizante e adaptado aos movimentos do esqui, o elíptico é ideal para essa sessão de resistência conduzida para durar e se prolongar ao longo das semanas. A bicicleta, menos específica, também é muito boa para esse exercício. Se você tem acesso a uma academia, não hesite em alternar esses aparelhos ao longo da mesma sessão.

---

*N.T.: Categoria de competição em esqui que combina o *slalom* gigante e a descida.

### ▸ Sessão DESCIDA, de 25 a 30 minutos
Os dois minutos intensos correspondem mais ou menos à duração de uma descida de esqui.

- ▸ 10 a 15 minutos de aquecimento progressivo;
- ▸ 10 minutos de dinamização: duas vezes (2 minutos em intensidade de Dinamização do Limite + 3 minutos de recuperação ativa);
- ▸ 5 minutos de retorno à calma.

  - Uma sessão intensa no plano cardiovascular, mas que igualmente reforça os músculos das coxas quando realizada no *stepper* ou na bicicleta contra uma forte resistência (na frequência de pedalagem fraca).
  - Um truque: no *stepper*, não hesite em soltar as mãos e até mesmo em fechar os olhos para trabalhar o equilíbrio.

### ▸ Sessão TÔNUS, 35 minutos
Um pequeno pico de intensidade aparece depois de um trabalho de resistência

- ▸ 10 minutos de aquecimento progressivo;
- ▸ 15 minutos em intensidade de Resistência Ativa;
- ▸ 2 minutos em intensidade Dinamização do Limite;
- ▸ 3 minutos em intensidade de Resistência Ativa.
- ▸ 5 minutos de retorno à calma

  - Essa sessão será efetuada prioritariamente na esteira para trabalhar o amortecimento e o freio; o gestual do esqui se assemelha ao de uma corrida em ladeira.

## Segunda semana, *Slalom*
### ▸ Sessão RESISTÊNCIA LONGA, 90 minutos
A mesma sessão da primeira semana, alongada em 30 minutos.

- ▸ 10 minutos de aquecimento progressivo;
- ▸ 75 minutos em intensidade de Resistência Fundamental;
- ▸ 5 minutos de retorno à calma.

- Opte sempre pelo elíptico, mais completo e muito mais próximo do gestual do esqui do que a bicicleta, sempre eficaz nessa intensidade.
- Se você tem acesso a uma academia, essa sessão também é a ocasião de variar os aparelhos, mas tome cuidado de alternar aqueles mais focados nos membros superiores com aqueles que mobilizam muito mais os membros inferiores: elíptico, bicicleta; remo ergométrico, esteira ou elíptico; *stepper*, remo ergométrico; esteira ou *stepper*, elíptico; bicicleta, esteira.

▸ **Sessão DESCIDA, de 30 a 35 minutos**

Um prolongamento curto, mas intenso, dessa sessão de dinamização.

▸ 10 a 15 minutos de aquecimento progressivo;
▸ 15 minutos de dinamização: três vezes (2 minutos em intensidade de Dinamização do Limite + 3 minutos de recuperação ativa);
▸ 5 minutos de retorno à calma.

- Conserve o *stepper* ou a bicicleta (contra uma forte resistência).

**Sessão TÔNUS, 35 minutos**

A sessão imutável dessas três semanas de preparação.

▸ 10 minutos de aquecimento progressivo;
▸ 15 minutos em intensidade Resistência Ativa;
▸ 2 minutos em intensidade Dinamização do Limite;
▸ 3 minutos em intensidade Resistência Ativa;
▸ 5 minutos de retorno à calma.

- A esteira permanece prioritária; o elíptico representa a melhor alternativa.

## Terceira semana, SUPERGIGANTE

◗ **Sessão RESISTÊNCIA LONGA, 120 minutos**

Duas horas de esforço em uma intensidade média trazem uma base de resistência propícia a encadear as descidas e as jornadas de esqui.

◗ 10 minutos de aquecimento progressivo;
◗ 105 minutos em intensidade de Resistência Fundamental;
◗ 5 minutos de retorno à calma.

- No elíptico, braços, pernas e abdominais são mobilizados em um gestual próximo ao do esqui.
- Se você tem acesso a uma academia, essa sessão longa permite variar os aparelhos, com o cuidado de alternar aqueles mais focados nos membros superiores com aqueles que mobilizam mais os membros inferiores: elíptico, bicicleta; remo ergométrico, esteira ou elíptico; *stepper*, remo ergométrico; esteira ou *stepper*, elíptico; bicicleta, esteira.

◗ **Sessão DESCIDA, de 35 a 40 minutos**

Uma sessão sempre específica com uma fase de dinamização ainda mais longa.

◗ 10 a 15 minutos de aquecimento progressivo;
◗ 20 minutos de dinamização: quatro vezes (2 minutos em intensidade de Dinamização do Limite + 3 minutos de recuperação ativa);
◗ 5 minutos de retorno à calma.

- Continue esse exercício intensivo no *stepper* ou na bicicleta (contra forte resistência).
- Os preparadores físicos oficiais sugerem enfaticamente praticar a corrida ao ar livre em terreno variado. Você trabalha seu coração e gerencia o equilíbrio ao trotar nas descidas.

▶ **Sessão TÔNUS, 35 minutos**
Essa sessão se tornou fácil ao final dessas três semanas. Você deve sentir os progressos!

▶ 10 minutos de aquecimento progressivo;
▶ 15 minutos em intensidade de Resistência Ativa;
▶ 2 minutos em intensidade de Dinamização do Limite;
▶ 3 minutos em intensidade de Resistência Ativa;
▶ 5 minutos de retorno à calma.

- A esteira sempre é prioritária; o elíptico pode substituí-la com prazer.

## O ar externo mais do que o ar interno

**É preciso abrir a janela quando se transpira sobre a máquina de treino cardiovascular?**

Os profissionais da saúde respondem de forma quase unânime por um sim franco e eloquente. O médico do esporte e o treinador também aprovam. Os malefícios da poluição no interior do *habitat* já são conhecidos, na falta de ser claramente identificados (emanações residuais de cola ou de pintura, produtos de manutenção, resíduos de cozimento...). Suspeita-se que o ar do ambiente seja responsável pelo desenvolvimento de inúmeras alergias e igualmente de alguns cânceres. Qualquer que seja o tipo de moradia, o remédio é sempre idêntico: é preciso abrir a janela. Um conselho ainda mais importante com a hiperventilação provocada por sua sessão de treino cardiovascular: contrariamente a uma atividade externa, em movimento sobre sua máquina de treino cardiovascular, você não renova o ar. Para não se desidratar, é preciso eventualmente se molhar e, sobretudo, ventilar. Abra a janela e ligue o ventilador, que reproduz a mistura do ar externo. Além do mais, quanto mais você transpira, mais a umidade do ambiente aumenta. Em um cômodo fechado, você encontrará, portanto, ainda menos ar para se refrescar. Você também pode aproveitar seus treinos em casa para difundir ocasionalmente óleos antissépticos no mais profundo de seus pulmões, amídalas e sínus. Em contrapartida, não utilize um difusor de maneira sistemática, isso poderia causar irritações.

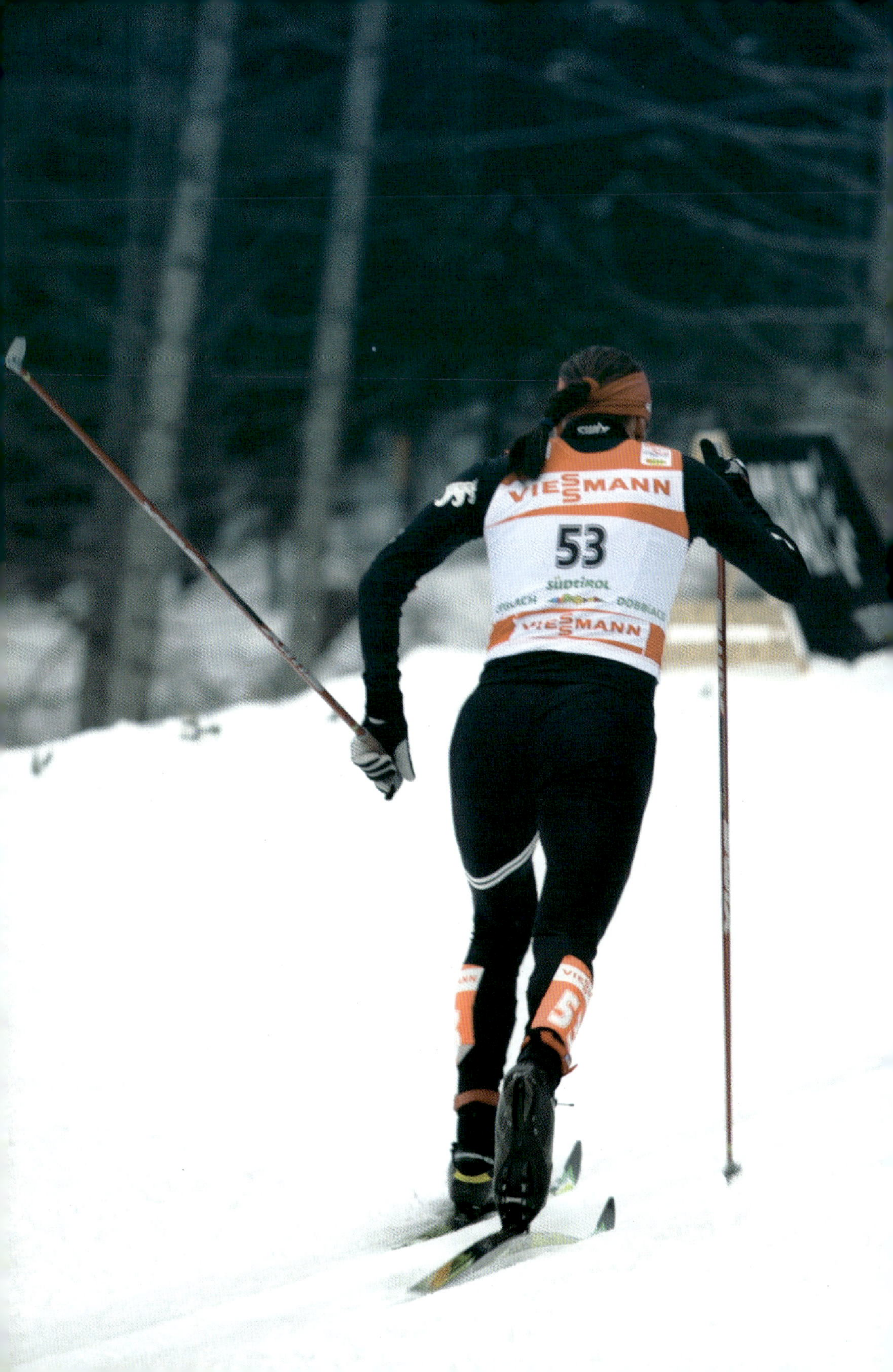
VIESSMANN
53
südtirol
DOBBIACO
VIESSMANN

# Esqui de Fundo

*É difícil começar a praticar o esqui de fundo (ou esqui nórdico) sem o mínimo de preparação física. Para apreciar sua temporada de esqui nos Vosges ou no Jura, sessões de treino cardiovascular progressivos são necessárias.*

Certamente, esse é um dos esportes de resistência mais exigentes. Não é espantoso encontrar muitos esportistas de alto nível em esquis nórdicos no período de preparação invernal. Um esquiador de fundo consome mais oxigênio com o esforço do que um ciclista ou um corredor a pé, com esforços mais localizados nas pernas. Aqui todos os músculos funcionam e os "grandes motores", os atletas com a $VO_2$ máx elevada, estão na frente. O passo do patinador (ou *skating*) é mais rápido e também ainda mais exigente que o passo alternativo próximo da caminhada e do movimento do elíptico. Pense que um esquiador de alto nível queima mil calorias por hora em *skating*! No plano cardiovascular, essa técnica exige uma potência respiratória superior à corrida a pé, à natação e ao ciclismo. Por isso a necessidade de consagrar sessões específicas às duas intensidades-chave dos esportes de resistência, a $VO_2$ máx e o limite. O elíptico, com sua ampla mobilização muscular, será seu simulador predileto. O *cardiowave* reproduz o movimento de pernas do *skating*.

## Os aparelhos aconselhados

- Na academia: elíptico, esteira, bicicleta, remo ergométrico, *stepper*.
- Em casa: elíptico.

## Programa gelo sem fim

*Assim como para a preparação para o esqui alpino, esse programa de três semanas não se inicia sem uma ótima condição física. Se você é pouco esportista ou irregular, veja primeiro os programas de Retomada do Esporte e de Grande Forma.*

- Primeira semana, **PASSEIO**
- Segunda semana, **CAMINHADA**
- Terceira semana, **COMPETIÇÃO**

## Conteúdo das semanas

### Primeira semana, Passeio

- **Sessão LIMITE, de 30 a 40 minutos**

Não se esqueça de que se trata de uma intensidade-chave do desempenho aeróbio. Para o esqui de fundo, impossível de dispensar.

- 10 a 15 minutos de aquecimento progressivo;
- 15 a 20 minutos em intensidade Limite;
- 5 minutos de retorno à calma.

  • Essa sessão será efetuada na esteira ou no elíptico. Os praticantes de *skating* ganharão em trabalhar no *cardiowave*, se sua academia está equipada com ele.

- **Sessão INTERVALADA em $VO_2$ máx, de 20 a 25 minutos**

O máximo do metabolismo aeróbio é igualmente indispensável para esse esporte exigente.

- 10 minutos a 15 minutos de aquecimento progressivo;
- 5 minutos de intervalado: cinco vezes (30 segundos rápido + 30 segundos lento);
- 5 minutos de retorno à calma.

- O elíptico e seu gestual alternado, que se assemelha ao do esqui de fundo, se impõe.

▶ **Sessão RESISTÊNCIA LONGA, 60 minutos**

Aprender a continuar consumindo seus lipídeos (gorduras) é o tema desta sessão.

▶ 10 minutos de aquecimento progressivo;
▶ 45 minutos em intensidade de Resistência Fundamental;
▶ 5 minutos de retorno à calma.

- O elíptico e o remo ergométrico permanecem os simuladores prediletos para fazer trabalhar a parte superior do corpo, muito solicitada no esqui de fundo, prioritariamente o elíptico, cujo gestual é próximo ao do esqui de fundo. A bicicleta pode servir, ela é frequentemente utilizada pelos que o praticam durante a preparação de verão. Aqui também o *cardiowave* é perfeito para os esquiadores que praticam o *skating*.

## Segunda semana, Caminhada

▶ **Sessão LIMITE, de 30 a 40 minutos**

O trabalho no limite se reproduz de maneira idêntica na segunda semana.

▶ 10 a 15 minutos de aquecimento progressivo;
▶ 15 a 20 minutos em intensidade Limite;
▶ 5 minutos de retorno à calma.

- Esta sessão será efetuada na esteira ou no elíptico. Os praticantes de *skating* lucrarão em trabalhar no *cardiowave*, caso sua academia o tenha.

▶ **Sessão INTERVALADA em $Vo_2$ máx, de 25 a 30 minutos**

Os intervalos têm a mesma duração da primeira semana; em contrapartida, eles são mais numerosos.

▶ 10 a 15 minutos de aquecimento progressivo;
▶ 10 minutos de intervalado: dez vezes (30 segundos rápido + 30 segundos lento);
▶ 5 minutos de retorno à calma.

- O elíptico e seu gestual alternado, que se assemelha ao do esqui de fundo, se impõe.

▶ **Sessão RESISTÊNCIA LONGA, 75 minutos**
Desta vez, esgote e depois aumente suas reservas de açúcar.
▶ 10 minutos de aquecimento progressivo;
▶ 60 minutos em intensidade de Resistência Ativa;
▶ 5 minutos de retorno à calma.

- O elíptico e o remo ergométrico permanecem os simuladores prediletos para trabalhar a parte superior do corpo, muito solicitada no esqui de fundo. O elíptico é prioritário uma vez que seu gestual se assemelha ao do esqui de fundo. A bicicleta pode convir, ela é frequentemente utilizada por aqueles que se preparam durante o verão. Aqui, mais uma vez, o *cardiowave* é perfeito para os esquiadores que praticam o *skating*.
- Se você vai a uma academia, essa sessão longa permite variar os aparelhos, com o cuidado de alternar aqueles mais focados nos membros superiores com os que mobilizam muito mais os membros inferiores: elíptico, bicicleta; remo ergométrico, esteira ou elíptico; *stepper*, remo ergométrico; esteira ou *stepper*, elíptico; bicicleta, esteira.

### Terceira semana, Competição

▶ **Sessão LIMITE, de 30 a 40 minutos**
A imutável sessão de manutenção do limite que agora você deve realizar com mais facilidade.

▶ 10 minutos de aquecimento progressivo;
▶ 15 a 20 minutos em intensidade Limite;
▶ 5 minutos de retorno à calma.

- Esta sessão será efetuada na esteira ou no elíptico. Os praticantes de *skating* ganharão em trabalhar no *cardiowave*, caso a academia esteja equipada.

▶ **Sessão INTERVALADA em $VO_2$ máx, de 30 a 35 minutos**
O trabalho máximo do metabolismo aeróbio é agora de 15 minutos.

▶ 10 a 15 minutos de aquecimento progressivo;
▶ 15 minutos de intervalado: 15 vezes (30 s rápido + 30 s lento);
▶ 5 minutos de retorno à calma.

- O elíptico e seu gestual alternado que se assemelha ao do esqui de fundo se impõe.

▶ **Sessão RESISTÊNCIA ATIVA, 90 minutos**
A sessão mais longa da preparação é agora de 1 hora e 30 minutos.

- 10 minutos de aquecimento progressivo;
- 75 minutos em intensidade de Resistência Ativa;
- 5 minutos de retorno à calma.

- O elíptico e o remo ergométrico permanecem os simuladores prediletos para trabalhar a parte superior do corpo, muito solicitado no esqui de fundo. O elíptico é prioritário uma vez que seu gestual se assemelha ao do esqui de fundo. A bicicleta pode convir, ela é frequentemente utilizada por aqueles que se preparam durante o verão. Aqui mais uma vez o *cardiowave* é perfeito para os esquiadores que praticam o *skating*.
- Se você vai a uma academia, esta sessão longa permite variar os aparelhos, com o cuidado de alternar aqueles mais focados nos membros superiores com os que mobilizam muito mais os membros inferiores: elíptico, bicicleta; remo ergométrico, esteira ou elíptico; *stepper*, remo ergométrico; esteira ou *stepper*, elíptico; bicicleta, esteira.

## Luz e esporte, a equipe vencedora

*Pular em sua bicicleta ergométrica de manhã, quando o dia ainda não surgiu, pode ser facilitado com um pouco de luz.*

Enquanto a escuridão da noite o levaria de bom grado de volta aos cobertores, uma lâmpada de luminoterapia vai ajudar seu despertar e dinamizar sua sessão de treino cardiovascular. Essa última reproduz a luz branca do sol. Sua potência, superior a 5 mil *lux*, é suficiente para influenciar nosso sistema nervoso e frear a secreção de melatonina noturna. O cérebro se mantém desperto graças ao conjunto de informações que lhe chegam. Oitenta por cento delas são oriundas da visão! Você entende então qual é a influência da luz na vigilância.

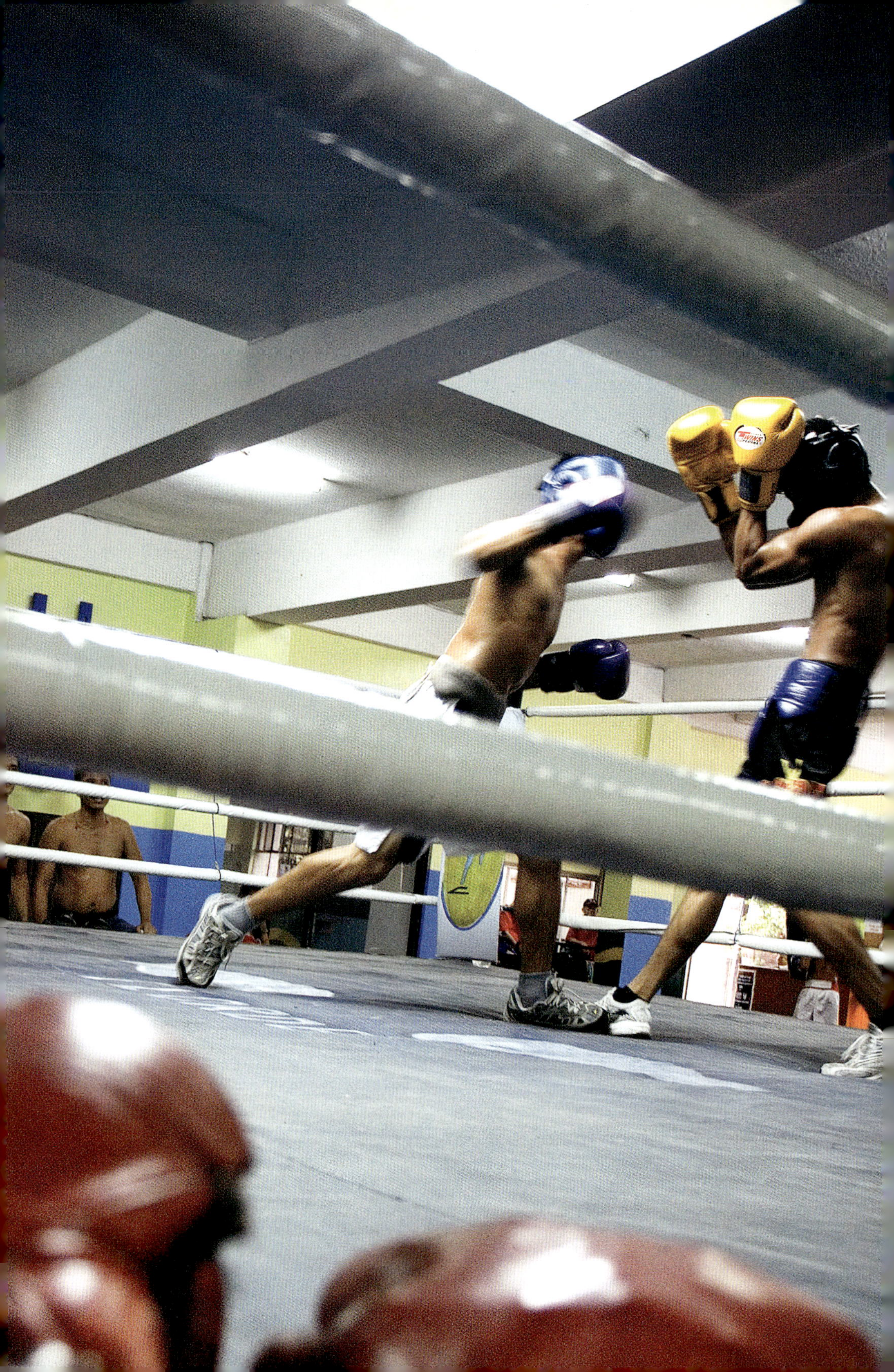

# Esportes de Combate

*Você só pode ir à academia uma ou duas vezes por semana! E às vezes perde treinos importantes. Falta-lhe com frequência a regularidade. Essas sessões, fáceis de incorporar em sua agenda, compensam seus treinos perdidos. Se você é assíduo, o treino cardiovascular vai aperfeiçoar sua condição física.*

Uma luta de judô dura de quatro a cinco minutos; um *round* de boxe, de dois a três minutos; uma luta de caratê, de 1 minuto e 30 segundos a três minutos. Essas durações correspondem a quase todos os outros esportes de combate. Sequências curtas, mas intensas, em que o mínimo relaxamento é preciso! Essas intensidades de combate exigem uma preparação cardiovascular específica. Quanto mais sua capacidade de oxigenar seus músculos for elevada, menos você atingirá seu metabolismo anaeróbio para terminar uma retomada ou uma luta. O treino cardiovascular vai judiciosamente lhe propor sessões específicas e elevar os dois parâmetros essenciais do desempenho aeróbio, a $VO_2$ máx e o limite.

A outra corrente indispensável de sua preparação é de se dotar de uma base fundamental sólida. Manter os esforços na duração é indispensável. No boxe, será necessário enganar 30 minutos ou mais e não desabar nas últimas retomadas. Na maioria dos esportes de combate, um físico resistente é necessário para repetir os combates que podem se estender durante um dia inteiro ou um final de semana. Enfim, nas modalidades em que lesões e contusões são frequentes, o treino cardiovascular vai se mostrar suave com seus músculos e articulações.

### Os aparelhos aconselhados

- Na academia: elíptico, esteira, bicicleta, remo ergométrico.
- Em casa: elíptico.

# Programas de Treino Cardiovascular

## Programa torneio, primeira semana

*Deve ser feito sem interrupção, de acordo com seus treinos na academia. Retome o programa de onde você o deixou se não conseguir garantir as três sessões durante a semana.*

- 1 x sessão **COMBATE**
- 1 x sessão **RECUPERAÇÃO**
- 1 x sessão **LIMITE**

## Programa torneio, segunda semana

- 1 x sessão **ASSALTO**
- 1 x sessão **RESISTÊNCIA LONGA**
- 1 x sessão **INTERVALADO** 30 segundos – 30 segundos

## Conteúdo das sessões

- **Sessão COMBATE, 36 a 41 minutos**

Essas intensidades de trabalho reproduzem a dos combates para uma boa sessão de substituição.

- 10 a 15 minutos de aquecimento progressivo;
- 21 minutos: duas vezes (3 minutos de aceleração em intensidade $VO_2$ máx + 1 minutos de recuperação ativa) + 5 minutos de recuperação ativa + duas vezes (3 minutos de aceleração em intensidade $VO_2$ máx + 1 minuto de recuperação ativa);
- 5 minutos de retorno à calma.

- Sessão que deve ser realizada no elíptico para encontrar uma configuração semelhante à de um combate ao mobilizar o máximo de grupos musculares.
- A intensidade dos intervalados oscila entre Dinamização do Limite e $VO_2$ máx; a $VO_2$ máx deve ser atingida ao final dos três minutos.

### Sessão RECUPERAÇÃO, de 30 a 35 minutos

Sessão importante para essas disciplinas de contato! Não deve ser negligenciada, principalmente no dia seguinte ou dois dias depois de um combate ou treino vigoroso.

- 10 minutos de aquecimento progressivo;
- 15 a 20 minutos em intensidade de Resistência Fundamental;
- 5 minutos de retorno à calma.

  - A esteira, o elíptico ou a bicicleta são os aparelhos para essa sessão de regeneração.

### Sessão LIMITE, de 35 a 50 minutos

O trabalho no limite vai ajudar a adiar o aparecimento do ácido lático.

- 10 a 15 minutos de aquecimento progressivo;
- 20 a 30 minutos em intensidade Limite;
- 5 minutos de retorno à calma.

- Uma sessão que deve ser realizada prioritariamente na esteira.

### Sessão ASSALTO, de 27 a 32 minutos

Treine em velocidade elevada com baixas resistências para progredir em explosividade.

- 10 a 15 minutos de aquecimento progressivo;
- 12 minutos quatro vezes (4 segundos em bloco + 56 segundos de recuperação ativa) + 4 minutos de recuperação ativa + quatro vezes (4 segundos em bloco + 56 segundos de recuperação ativa);
- 5 minutos de retorno à calma.

  - Sessão que deve ser encadeada no elíptico sem resistência, colocando muita velocidade e intensidade (os boxeadores reencontrarão as sensações do treino com cordas com lastro).
  - Os judocas podem encadear as sequências em força, contra uma forte resistência. Para as outras modalidades, a velocidade é o principal.
  - Os boxeadores podem também realizar essa sessão na bicicleta, com braços, ou no *stepper*, para o jogo das pernas.

▶ **Sessão RESISTÊNCIA LONGA, 60 minutos**

A indispensável sessão de trabalho básico necessário para aguentar na duração.

▶ 10 minutos de aquecimento progressivo;
▶ 45 minutos em intensidade de Resistência Ativa;
▶ 5 minutos de retorno à calma.

- O elíptico é interessante nessa intensidade moderada, pois ele mobiliza braços, pernas e abdominais. Os boxeadores se beneficiarão mais com o remo ergométrico, mas com o cuidado de subir os braços no nível do peito, a fim de trabalhar os braços (e a manutenção da guarda).

▶ **Sessão INTERVALADA 30 segundos – 30 segundos, 30 minutos a 35 minutos**

Uma sessão-chave para enfrentar a intensidade de todos os esportes de combate.

▶ 10 a 15 minutos de aquecimento progressivo;
▶ 15 minutos de intervalado: 15 vezes (30 segundos rápido e 30 segundos lento);
▶ 5 minutos de retorno à calma.

- O elíptico é uma máquina perfeita para atingir sua potência aeróbia máxima.

## Uma sessão de recuperação, por que fazê-la?

*Uma sessão de recuperação se dá em uns 30 minutos de esforço em baixa intensidade, em resistência fundamental. Você tem a impressão de não ter feito nada? Esse é o objetivo desejado!*

A frustração sentida no final da sessão confirma que os hormônios do bem-estar, produzidos com dificuldade, não foram solicitados. Ainda que você tenha vontade de prolongar ou intensificar o esforço, não faça nada. Você só colherá benefícios de semelhante trabalho: uma melhor vascularização, boa drenagem dos músculos... Ao trazer oxigênio aos músculos sem provocar diminuição de oxigênio, estes vão aproveitá-lo para funcionar harmoniosamente. As pequenas tensões mecânicas provocadas nas fibras vão acabar de romper as microlesões, portanto drená-las e limpá-las, mas muito provavelmente sem recriar outras. Para evitar gerar novas tensões, a natação ou a bicicleta são recomendadas. A bicicleta ergométrica, sem as dificuldades do relevo e do vento, é muito ideal para essa sessão de treino regenerativo. Ela é feita geralmente no dia seguinte ou até mesmo dois dias depois de uma competição ou de um treino intensivo. No plano hormonal, pode ser oportuno deixar seu organismo em repouso durante um dia, se ele foi pressionado.

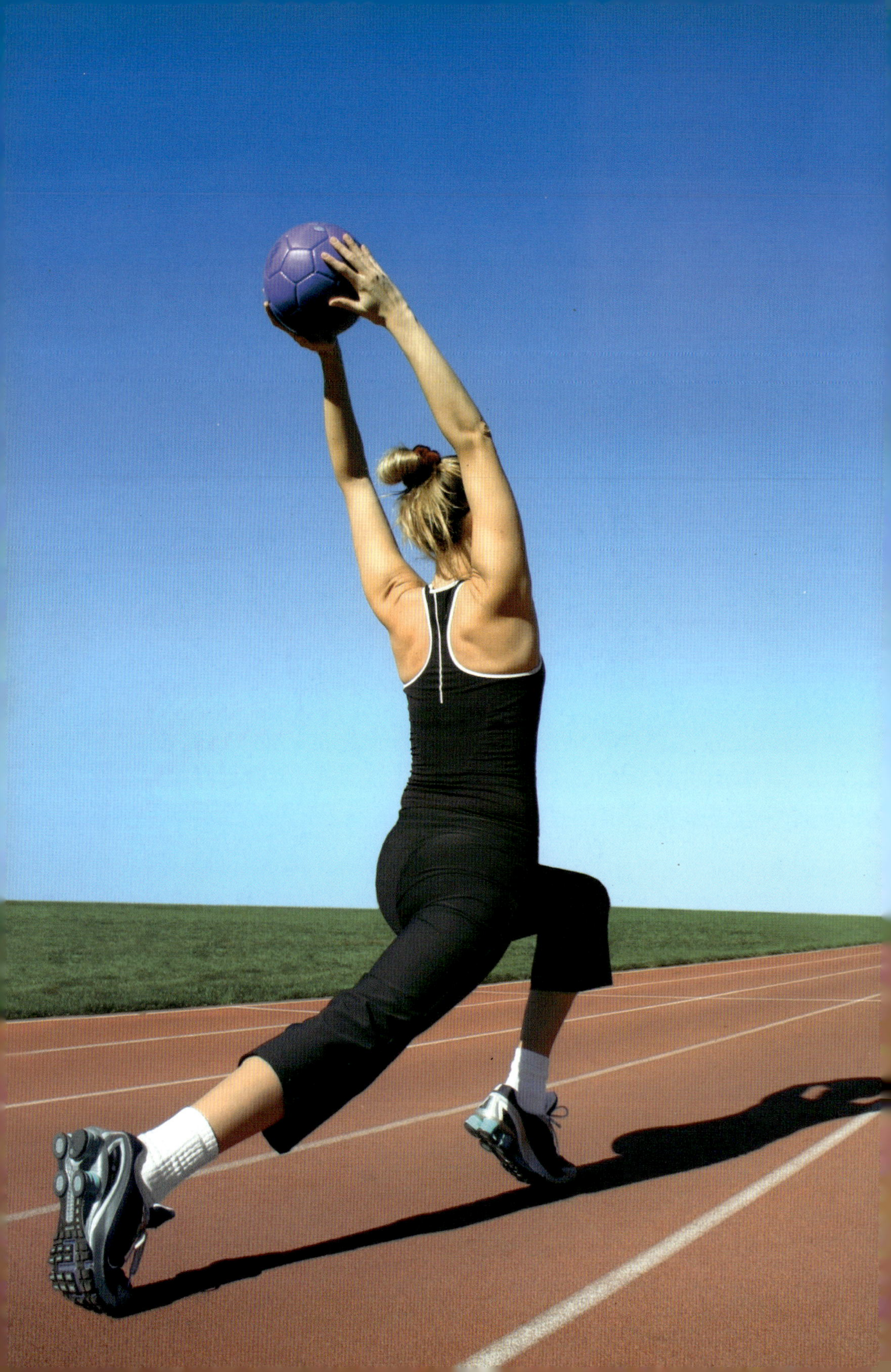

# Conservar a Boa Forma Durante uma Lesão

*Para a maioria dos esportistas machucados, é possível não ver desaparecerem os benefícios do treino por causa de uma entorse no tornozelo ou de uma coluna recalcitrante.*

As capacidades cardiovasculares diminuem rapidamente sem treino. Na ausência de solicitação, o número de centrais energéticas das células, as mitocôndrias, diminui depois de três ou quatro dias. A $VO_2$ máx já está bem alterada depois de três semanas de sedentarismo. Após três meses sem treino, um esportista reencontra a condição física de um jogador de cartas! As baixas exigências musculares e articulares do treino cardiovascular autorizam uma retomada de atividade rápida e, na maioria dos casos, um treino durante a convalescença. Você vai conservar a boa forma, apesar da rigidez de seu tornozelo ou de suas dores nas costas! O retorno às atividades esportivas usuais será assim facilitado... e seu moral permanecerá intacto.

Já foi demonstrado que a imobilidade total de uma articulação lesionada prejudica a cicatrização. A manutenção da condição física, portanto, também contribui para a reeducação e o tratamento. A regra de ouro é dissociar as exigências biomecânicas das exigências fisiológicas sem deixar de respeitar a dor. Esta não deve se manifestar nem durante a sessão, nem depois. Em contrapartida, pequenas dores podem surgir no aquecimento. Elas devem desaparecer rapidamente. O outro imperativo é de se voltar para os aparelhos pouco exigentes: a bicicleta em primeiro lugar, seguida pelo elíptico. Em um segundo momento, o *stepper* e a esteira vão reintroduzir o gestual específico da corrida e o trabalho pliométrico, esta sucessão rápida de uma contração de frenagem e de uma contração de propulsão. Uma academia não é nada mais do que uma grande sala de fisioterapia, sem jalecos brancos, com e mais música!

## Os aparelhos aconselhados

- Na academia: bicicleta, elíptico, esteira, *stepper*.
- Em casa: bicicleta.

## Programa entorse do tornozelo

*Em torno de 6 mil entorses do tornozelo são registradas por dia na França! A duração média do restabelecimento de uma entorse sendo de três semanas, você estará em perfeita forma cardiovascular no final de sua convalescência.*

## Conteúdo das semanas

### Primeira semana

A bicicleta é igualmente aconselhada para uma entorse de tornozelo. Essa articulação praticamente não se mexe e o peso do corpo se apoia no selim.

▶ **2 x sessão RESISTÊNCIA FUNDAMENTAL na bicicleta, de 30 a 45 minutos**

▶ 10 minutos de aquecimento progressivo;
▶ 15 a 30 minutos em intensidade de Resistência Fundamental;
▶ 5 minutos de retorno à calma.

▶ **1 x sessão RESISTÊNCIA ATIVA NA BICICLETA, 30 minutos**

▶ 10 minutos de aquecimento progressivo;
▶ 15 em intensidade de Resistência Ativa;
▶ 5 minutos de retorno à calma.

### Segunda semana

O apoio dos dois pés no elíptico preserva o tornozelo e ao mesmo tempo o estimula. A ausência de exigências da bicicleta permite iniciar os treinos em intensidades elevadas.

▶ **1 x sessão LIMITE NA BICICLETA, de 30 a 35 minutos**

▶ 10 a 15 minutos de aquecimento progressivo no elíptico;
▶ 15 minutos em intensidade Limite na bicicleta;
▶ 5 minutos de retorno à calma.

▶ **1 x sessão RESISTÊNCIA FUNDAMENTAL NO ELÍPTICO**, de 30 a 45 minutos

▶ 10 a 15 minutos de aquecimento progressivo no elíptico;
▶ 15 a 30 minutos em intensidade de Resistência Fundamental;
▶ 5 minutos de retorno à calma.

▶ **1 x sessão INTERVALADO EM VO$_2$ MÁX NA BICICLETA**, de 30 a 35 minutos

▶ 10 a 15 minutos de aquecimento progressivo no elíptico;
▶ 15 minutos de intervalado: 15 vezes (30 segundos rápido + 30 segundos de recuperação ativa);
▶ 5 minutos de retorno à calma.

### Terceira semana

Na terceira semana, a retomada de apoio autoriza a corrida na esteira em intensidade moderada e um trabalho de arrancada, presente na maioria dos esportes, no *stepper*.

▶ **1 x sessão DINAMIZAÇÃO DO LIMITE NO ELÍPTICO**, de 30 a 35 minutos

▶ 10 a 15 minutos de aquecimento progressivo na esteira;
▶ 6 minutos em intensidade de Dinamização do Limite + 3 minutos de recuperação ativa + 6 minutos em intensidade de Dinamização do Limite, no elíptico;
▶ 5 minutos de retorno à calma.

▶ **1 x sessão RESISTÊNCIA FUNDAMENTAL NO STEPPER**, de 30 a 45 minutos

▶ 20 minutos de aquecimento progressivo na esteira;
▶ 5 minutos de acelerada no *stepper*: cinco vezes (6 segundos de acelerada + 54 segundos de recuperação ativa);
▶ 5 minutos de retorno à calma.

▶ **1 x sessão RESISTÊNCIA ATIVA NA ESTEIRA**, 30 minutos

▶ 10 minutos de aquecimento progressivo;
▶ 15 minutos em intensidade de Resistência Ativa;
▶ 5 minutos de retorno à calma.

## Programa lombalgia

*As dores nas costas atingem 80% dos franceses. Se as dores não o impedem de subir em uma bicicleta, você vai poder preservar sua condição física com esse programa de duas semanas, na sequência.*

## Conteúdo das semanas

### Primeira semana
Bem sentado sobre o selim, o peso bem distribuído sobre os cinco pontos de apoio e o busto posicionado a 45º, essa é a posição quase ideal para os que sofrem de lombalgia.

▶ **2 x sessão RESISTÊNCIA FUNDAMENTAL na bicicleta, de 30 a 45 minutos**
- 10 minutos de aquecimento progressivo;
- 15 a 30 minutos em intensidade de Resistência Fundamental;
- 5 minutos de retorno à calma.

▶ **1 x sessão RESISTÊNCIA ATIVA na bicicleta, 30 minutos**
- 10 minutos de aquecimento progressivo;
- 15 a 30 minutos em intensidade de Resistência Ativa;
- 5 minutos de retorno à calma.

### Segunda semana
A corrida na esteira e no *stepper* surgem discretamente ao longo dessa semana mais intensiva.

▶ **1 x sessão LIMITE, 35 minutos**
- 15 minutos de aquecimento progressivo no *stepper*;
- 15 minutos em intensidade Limite na bicicleta;
- 5 minutos de retorno à calma.

- **1 x sessão INTERVALADO em $VO_2$ máx, 35 minutos**
- 15 minutos de aquecimento progressivo na esteira;
- 15 minutos de intervalado na bicicleta: 15 vezes (30 segundos rápido + 30 segundos de recuperação ativa);
- 5 minutos de retorno à calma.
- **1 x sessão RESISTÊNCIA ATIVA na esteira, 30 minutos**
- 15 minutos de aquecimento progressivo na esteira;
- 15 minutos em intensidade de Resistência Ativa;
- 5 minutos de retorno à calma.

## O esporte contra o Alzheimer!

*Movimentar-se é favorecer a oxigenação cerebral e lutar contra o Alzheimer!*

A hipertensão arterial, o excesso de colesterol e o diabetes destroem a parede dos vasos, reduzem o calibre das artérias e dos pequenos capilares que levam o oxigênio e os alimentos ao cérebro. Os neurônios não demoram a sofrer e depois a degenerar. Ao contrário, uma boa oxigenação cerebral estimula a secreção do NGF (*Nervous Growth Factor*), ou seja, o "fator de crescimento do sistema nervoso". É em grande parte lutando contra as doenças cardiovasculares que a atividade física se revela eficaz contra o mal de Alzheimer. Os esportes de resistência, como caminhada, futebol ou treino cardiovascular contribuem de forma vantajosa para uma intelectualidade vigorosa.